Der Mann, der die Erde rettete

Austin Hall

Writat

Diese Ausgabe erschien im Jahr 2023

ISBN: 9789359253022

Herausgegeben von
Writat
E-Mail: info@writat.com

Inhalt

DER MANN, DER DIE ERDE RETTET

Von Austin Hall

Kein Ton; Das Ganze wirkt wie eine komplizierte Masse, die sich über hundert Hektar erstreckt und von einer Stille getrieben wird, die magisch ist. Kein Surren und keine Reibung. Wie ein lebender zusammengesetzter Körper, der die seltsame und mysteriöse Kraft pulsiert und atmet, die aus Huycks Theorie der Kinetik entwickelt wurde . Die vier großen Stahlrohre verlaufen von den Kugeln den Berghang hinunter. In der Mitte, auf halbem

Weg zwischen den Kugeln, hing eine massive Stahlnadel an einem Drehpunkt und zeigte direkt auf die Sonne.

Wir lesen von den Tagen, als die Kräfte des Radiums noch unbekannt waren. Es wird uns erzählt, dass Verbrennungen durch das unvorsichtige Tragen einer Tube Radiumsalze in der Tasche verursacht wurden. Und hier in dieser Geschichte wird uns von einer anderen Kraft erzählt, der Opaleszenz, die auf ein anderes Element zurückzuführen ist. Es kann Berge zerstören, Hohlräume von unermesslicher Tiefe ausheben und Menschen und Tiere in großer Zahl töten. Die Geschichte beginnt damit, dass ein armer kleiner Junge mit einem Brennglas experimentiert. Dann wird er zum Helden der Geschichte — er studiert und findet sich schließlich in der Lage, die Erde zu zerstören. Er übertrifft Archimedes in seiner Macht. Und plötzlich stellt er fest, dass er eine Macht freigesetzt hat, die genau diese Zerstörung droht. Und die Geschichte schildert sein Entsetzen über den Frankenstein, den er freigelassen hatte, und erzählt von seinen wilden Bemühungen, die Menschheit zu retten, und vom Verlust der kosmischen Entdeckungen des kleinen Zeitungsjungen, der zu einem großen Wissenschaftler herangewachsen ist.

KAPITEL I
DER ANFANG

Sogar der Anfang. Das Ganze hat von Anfang an die Präzision maschineller Arbeit. Das Schicksal und sein Wirken – und die wunderbare Vorsehung, die über den Menschen und seine Zukunft wacht. Das Ganze unfehlbar: der Vorfall, die Arbeit, das Unglück und der Märtyrer. Im Rückblick auf die Katastrophe mögen wir alle an Weisheit zunehmen. Gehen wir in die Geschichte.

Ein heißer Julitag. Eine Sonne voller Mitleid und eine atemberaubende Straße; keuchend schleppen sich Tausende ohne Hut dahin; Ventilatoren und Sonnenschirme; die schwüle Rache eines echten Sommertages. Ein Tag voller platzender Reifen; Heiße Gehwege und gescheiterte Unternehmungen, Kummer um die Küste, um grüne Lauben neben plätscherndem Wasser, ein Tag zerbrochener Hoffnungen und lustloser Ambitionen.

Vielleicht hat das Schicksal diesen Tag wegen seiner Hitze und seines natürlichen Nutzens für die Fruchtbarkeit gewählt. Wir haben keine Möglichkeit, es zu wissen. Aber wir wissen Folgendes: das Datum, die Uhrzeit, das Treffen; der Junge mit dem Brennglas und der alte Arzt. So alltäglich, so trivial und im Dunkeln verborgen! Wer hätte es gedacht? Dennoch ist es – nach der Schöpfung – eines der wichtigsten Daten in der Weltgeschichte.

Das sagt eine ganze Menge. Lassen Sie uns darauf eingehen und sehen, worauf es hinausläuft. Lassen Sie uns die Sache in der Geschichte verfolgen, abwägen und mit der Reihenfolge abgleichen.

Über Charley Huyck wissen wir bis heute nichts. Es ist etwas, das er aus irgendeinem Grund immer verborgen gehalten hat. Die jüngsten Untersuchungen zu seinem früheren Leben und seinen Vorgeschichten haben uns nichts weitergebracht. Vielleicht hätte er es uns sagen können; Aber da er als der große Märtyrer der Welt eingegangen ist, besteht keine Hoffnung, aus seinen Lippen das zu erfahren, was wir so gerne wissen würden.

Schließlich spielt es keine Rolle. Wir haben den Tag – den Vorfall und seine Bedeutung und seinen Höhepunkt im Ablauf bis zum Tag der großen Katastrophe. Außerdem haben wir die verwüsteten Berge und den See aus blauem Wasser, die ihm immer in Erinnerung bleiben werden. Seine Größe beruht nicht auf Kriegsführung oder persönlichem Ehrgeiz; sondern der gesamten Menschheit. Die Kränze, die wir ihm schenken, haben keine zweifelhafte Farbe. Der Mann, der die Erde gerettet hat!

Von einem solchen Anfang an war Charley Huyck schlank und gebrechlich, mit der Wehmut des Idealisten und den Augen eines Dichters. Charley Huyck , der Junge, überquert mit seinem Stapel Papiere den heißen Bürgersteig; das sehr geschätzte Stück Glas in seiner Tasche und die Sonne, die nur er beherrschen sollte, brannte auf ihn herab. Ein Moment außerhalb der Zeit; das Umdrehen eines Strohhalms, der dazu bestimmt ist, alle bisherigen Anhäufungen der Menschheitsgeschichte auszugleichen.

Die Sonne brannte heiß und das Kind – es konnte nicht älter als zehn Jahre sein – warf einen Blick über die Schulter. Es lag an der Berechnung. In der Blütezeit seiner Kindheit ließen ihn Hitze und Wetter nicht nieder, er hatte den Enthusiasmus seines halben Lebensjahrs und die Freude am Spielzeug. Wir werden uns nicht anmaßen, es den Geist des Wissenschaftlers zu nennen, obwohl es vielleicht der Funke latenter Forschung war, der so weit führen sollte.

Ein Moment aus dem Schicksal! Ein Junge und ein Spielzeug. Unzählige Millionen Jungen haben mit Glas und den Sonnenstrahlen gespielt. Wer erinnert sich nicht an den kleinen, runden brennenden Punkt in der Handfläche und den darauffolgenden Ausruf? Charley Huyck hatte ein neues Spielzeug gefunden , es war ein einfaches Ding und so alt wie Glas. Das Schicksal wird es in ihrer Arbeit immer sein.

Und der Arzt? Warum hätte er warten sollen? Wenn es kein Schicksal war, dann war es zumindest eine Anhäufung von Momenten. In der schweren Brille der kantige, kurz geschnittene Bart; und sein kompromissloser, faktensuchender Gesichtsausdruck. Diejenigen, die Dr. Robold kannten , sind der festen Überzeugung, dass er das Gegenteil aller Emotionen war. Er war das strengste Produkt der Wissenschaft: unbeugsam, durch Experimente gehärtet und bissig in seiner Verurteilung der Zerbrechlichkeit der menschlichen Natur.

Es war seine einzige Aufgabe gewesen, die Burgen der Narren zum Einsturz zu bringen; Mit seiner scharfsichtigen Weisheit hatte er Sophistik dort entdeckt, wo wir sie nicht vermuteten. Selbst in die Schlösser der Wissenschaft war er wie ein Moloch vorgedrungen. Es ist schwer, seine Theorien verspotten zu lassen – ja, selbst für einen Wissenschaftler – und als Narr abgestempelt zu werden! Dr. Robold beherrschte keine Mittelsprache , er hatte kein Gefallen an der Wissenschaft.

Sein Gedächtnis, so wie wir es haben, ist das eines Exzentrikers. Ein Mann von leichtem Mitgefühl, barsch im Auftreten und ohne Taktgefühl im Sprechen. Genie ist oft so; Es ist eine seltsame Tatsache, dass viele der größten Männer von ihren Mitmenschen abgelehnt wurden. Ein toller Mann und ein Lacher. Er wurde nicht angenommen.

Keiner von uns weiß heute, was es Dr. Robold gekostet hat . Er war nicht der Mann, der es uns sagen konnte. Vielleicht könnte Charley Huyck das tun; aber seine Lippen sind für immer versiegelt. Wir wissen nur, dass er sich auf den Berg zurückzog und von der darauffolgenden Flut an Wohltaten, die über die Menschheit hereinbrachen. Und wir haben ihn trotzdem abgelehnt. Der große Zyniker am Berg. Über die Geheimnisse des Ortes wissen wir wenig. Er war nicht der Mann, der den Ermittler akzeptierte; er verachtete die Neugierigen. Man hatte ihn ausgelacht – sei es so – er würde alleine an dem großen Moment der Zukunft arbeiten.

Angesichts der Vergangenheit können wir uns durchaus vor dem Arzt und seinem Schützling Charley Huyck beugen . Zwei Männer und Schicksal! Was wären wir ohne sie? Man schaudert beim Nachdenken.

Eine Kleinigkeit und doch einer der größten Momente der Weltgeschichte. Es muss Schicksal gewesen sein. Warum konnte dieser strenge Mann, der alle Emotionen hasste , in diesem Moment so unbeugsam sein? Das können wir nicht beantworten. Aber wir können Vermutungen anstellen. Vielleicht ist es das: Wir haben uns alle geirrt; Wir akzeptierten das Äußere und den Beruf des Mannes als eine Tatsache, die ihm im Herzen lag.

Kein Mann kann alle Gefühle verlieren. Der Arzt war schließlich genauso wie wir – er war ein Mensch. Was auch immer man sagen mag, wir haben die Gewissheit dieses Augenblicks – und von Charley Huyck .

Die Sonnenstrahlen waren heiß; sie brannten; die Gehwege waren unerträglich; die verbrannte Luft in der durch die Straßenschlucht hindurchführenden Straße tanzte wie die eines Ofens; ein Tag voller Hundetage. Der Junge überquert die Straße; seine Arme voller Papiere und das Glas in seiner kleinen Gesäßtasche wölbte sich.

Am Bordstein blieb er stehen. Bei solch einer Sonne war es unmöglich, sein Spielzeug lange zu vergessen. Er zog es vorsichtig aus der Tasche, legte ein Blatt Papier hin und begann, sein Glas für die Fokussierung zu distanzieren. Er bemerkte den Mann neben ihm nicht. Warum sollte er? Der runde Punkt, der bräunliche Rauch, der rote Funke und der Flammenblitz! Er stampfte darauf herum. Ein Moment außerhalb der Kindheit; ein experimentelles Wunder, so alt wie das Zeitalter des Glases und genauso entzückend. Der Junge hatte den Namen eines großen Gouverneurs eines großen Staates verdorben; aber das Papier war immer noch verkaufsfähig. Er hatte seinen Moment gehabt. Merken Sie sich diesen Moment.

Eine Hand berührte seine Schulter. Der Junge sprang auf. "Jawohl. *Star* oder *Bulletin* ?"

„Ich nehme von jedem eins“, sagte der Mann. "Jetzt dort. Ich habe dich nur beobachtet. Weißt du, was du getan hast?"

"Jawohl. Brennendes Papier. Es fängt Feuer an. So haben es die Indianer gemacht."

Der Mann lächelte über die Perversion der Tatsachen. Im Kindesalter gibt es keinen solchen Abstand zwischen Stöcken und Glas.

„Ich weiß", sagte er – „ die Indianer." Aber wissen Sie, wie es gemacht wurde? das Warum – warum die Zeitung zu brennen begann?"

"Jawohl."

„In Ordnung, erkläre es."

Der Junge sah zu ihm auf. Er war ein Stadtjunge und an die Straße gewöhnt. Hier war ein alter Hochmütiger, der seine Weisheit in Frage stellte. Natürlich wusste er es. „Es ist die Sonne."

„Da", lachte der Mann. "Natürlich. Du hast gesagt, du wüsstest es, aber das tust du nicht. Warum verbrennt die Sonne ohne Glas nicht das Papier? Erzähl es mir."

Der Junge sah immer noch zu ihm auf; Er sah, dass der Mann nicht wie die anderen auf der Straße war. Es kann sein, dass in diesem Moment die seltsame Intimität entstand. Sicherlich war es eine seltsame Unnachgiebigkeit des Arztes.

„Das wäre es, wenn es heiß genug wäre oder man zusammen genug davon bekommen könnte."

"Ah! Dann ist das Glas doch dafür da, oder?"

"Jawohl."

"Konzentration?"

„Con – ich weiß es nicht, Sir. Aber es ist die Sonne. Sie ist auf jeden Fall heiß. Ich weiß viel über die Sonne, Sir. Ich habe es mit dem Glas studiert. Das Glas fängt alle Strahlen auf und führt sie in ein Loch, wodurch das Papier verbrannt wird.

"Es macht viel Spaß. Ich hätte gerne ein größeres; Aber es ist alles, was ich habe. Warum, wissen Sie, wenn ich ein ausreichend großes Glas und einen Platz zum Stehen hätte, würde ich die Erde verbrennen?"

Der alte Mann lachte. „Warum, Archimedes! Ich dachte du wärst tot."

„Mein Name ist nicht Archimedes. Es ist Charley Huyck ."

Wieder lachte der alte Mann.

"Oh ist es? Nun ja, das ist auch ein guter Name. Und wenn du so weitermachst, wirst du ihn als den Namen des anderen berühmt machen." Darin sagte er die Geschichte voraus. "Wo wohnst du?"

Der Junge suchte immer noch. Normalerweise hätte er es nicht gesagt, aber er winkte mit dem Daumen zurück.

„Ich lebe nicht; Ich wohne drüben in der Brennan Street.

„Oh, ich verstehe. Dein Zimmer. Wo ist deine Mutter?"

"Such mich; Ich habe sie nie gesehen."

"Ich verstehe; und dein Vater?"

"Wie soll ich wissen. Er ist schwimmen gegangen, als ich vier Jahre alt war."

„Schwebend?"

„Ja, Sir – zur See."

„ Deine Mutter ist also weg und dein Vater schwebt. Archimedes treibt ab. Du gehst zur Schule?"

"Jawohl"

„Welcher Leser?"

„Kein Leser. Sechste Klasse."

"Ich verstehe. Welche Schule?"

„Schule sechsundzwanzig. Sag mal, es ist heiß. Ich kann nicht den ganzen Tag hier stehen. Ich muss meine Papiere verkaufen."

Der Mann zog eine Handtasche hervor.

„Ich nehme das Los", sagte er. Dann freundlich: „Mein Junge, ich möchte, dass du mit mir gehst."

Es war ein seltsamer Moment. Eine Kleinigkeit, bei der das Schicksal zuschaut. Wenn das Schicksal spielt, wählt sie seltsame Momente aus. Das war einer. Charley Huyck ging mit Dr. Robold .

KAPITEL II
DER GIFTBUCH

Wir alle erinnern uns an den verhängnisvollen Tag, als die Nachricht ganz Oakland aufschreckte. Niemand kann es vergessen. Zuerst las es sich wie ein Zeitungsschwindel, trotz der oft beteuerten Wahrhaftigkeit der Presse, und wir neigten zum Lachen. „Ob wir uns über die Geschichte und ihre Unmöglichkeiten wunderten, waren wir nicht wenig begeistert von der Nervenstärke des Mannes, der sie erzählte."

Es war in den Tagen der trockenen Lektüre. Die Welt war bevölkerungsreicher und wohlgenährter geworden. Unsere Seifenkistenkünstler waren endlich an dem Punkt angelangt, an dem sie keine Katastrophe, sondern einen herzlichen Dank für das damalige Jahrtausend predigten. Eine Zeit utopischer Ruhe – kein Bösewicht vor der Tür; niemand, der den Ochsen seines Nächsten begehrt.

Ruhige Lektüre, das werden Sie zugeben. Das waren die Tage des Jahrtausends. Es ist nie etwas passiert. Wir hoffen, dass sie nie wieder kommen. Und dann:

Ehrlich gesagt war es nicht unsere Schuld, dass wir diesem Zeitungsmann aus tiefstem Herzen Segen schenkten. Auch wenn es ein Schwindel war, war es zumindest etwas.

Zur Mittagszeit. Die Uhr im Rathaus hatte gerade die Stunde geschlagen, die zwischen Vormittag und Nachmittag stand, ein heißer Tag mit einem klaren und azurblauen Himmel; ein ruhiger Tag voller heiterer Ruhe und Zufriedenheit. Ein seltsamer und bedeutungsvoller Moment. Wenn wir auf das Wunder zurückblicken, können wir vermuten, dass es die Klarheit der Atmosphäre und der Glanz der Sonne waren, die zu den Auswirkungen der Katastrophe beitrugen. Wenn wir wissen, was wir jetzt wissen, können wir die Impulse natürlicher Phänomene einschätzen. Es war *kein* Wunder.

Der Ort: Fourteenth und Broadway, Oakland, Kalifornien.

Zum Glück waren die tausenden Mitarbeiter in den umliegenden Geschäften noch nicht zum Mittagessen erschienen. Der Fehler, einen Hut aufzusetzen oder ein Band zu streicheln, hat tausend Leben gerettet. Man schaudert, wenn man daran denkt, was passiert wäre, wenn der Platz überfüllt gewesen wäre. Dennoch war es zu unmöglich und zu schrecklich, um wahr zu sein. Solche Dinge könnten nicht passieren.

Um die Mittagszeit: Zwei Straßenbahnen überqueren die Fourteenth am Broadway – zwei Autos mit dem gleichen Rütteln und Stoßen und dem gleichen Aussehen wie einer von Hunderttausenden an einer Verkehrsecke.

Das Wunder ist – es waren so wenige Leute da. Ein Telegraph-Auto fuhr ab und ein Broadway-Auto kam herein. Der Verkehrspolizist an seinem Posten hatte gerade sein Zeichen gegeben. Zwei Autos fuhren vorbei und ein einzelner Fußgänger arbeitete sich angeblich schräg über die Ecke. Darüber sind wir uns nicht sicher.

Es war ein Moment, der ein Wunder bewirkte. Schon während wir es erzählen und die Erklärung kennen, spüren wir die Unmöglichkeit des Ereignisses. Ein Phänomen, das anhält und trotz unserer Erkenntnisse im Wunderbaren verweilt. Sein und Nichtsein. Ein Moment Leben und Handeln, eine gewöhnliche Szene bestehender Monotonie; und im nächsten Moment nichts. Der Ort, die Straßenkreuzung, die vorbeifahrenden Straßenbahnen, die beiden Autos, der Fußgänger, der Polizist – nicht existent! Wenn es sich um augenblickliche Ereignisse handelt, können Berichte leicht irreführend sein. Das finden wir.

Einige derjenigen, die es sahen, berichten von einem bläulich-weißen Lichtblitz; andere sagten, es habe einen grünlichen oder sogar violetten Farbton; und andere, zweifellos mit stärkerem Sehvermögen, sagten, dass es nicht nur eine vorherrschende Farbe hatte, sondern auch, dass es von unzähligen Flammen- und Brennflecken durchzogen und funkelte.

Es gab keine Warnung und gab keinen Ton von sich; nicht einmal ein Surren. Wie ein heißer Atem aus dem Nichts. Was auch immer die Kräfte waren, die sich konzentriert hatten, sie waren Zerstörung. Es gab weder Fourteenth noch Broadway. Die beiden Autos, die beiden Straßenbahnen, der Fußgänger, der Polizist waren weggefegt, als hätten sie nie existiert. An der Kreuzung der Durchgangsstraßen befand sich ein gähnender Abgrund, der bis in die Mitte der Erde reichte, in der Ekel herrschte.

Es geschah augenblicklich; es war ohne Ton; Keine Warnung. Eine gewaltige Kraft unbegrenzten Potenzials war der kinetischen Gewalt ausgesetzt worden. Es waren die Plötzlichkeit und das Schweigen, die jegliche Glaubwürdigkeit widerlegten. Wir waren es gewohnt, jede Katastrophe mit Verwirrung zu assoziieren; Unglück hat eine Affinität zum Pandämonium, alle Dinge des Schreckens erreichen ihren Höhepunkt im Klang. In diesem Fall gab es keinen Ton. Daher das Wunder.

Ein Loch oder eine Bohrung mit einem Durchmesser von zwölf Metern. Ohne eine Spur von Warnung und ohne ein bisschen Verwirrung. Die Zuschauer beteuern alle, dass sie es zunächst nur für die Wirkung eines verblüfften Blicks hielten. Fast subtil. Erst nach einer ganzen Minute Nachdenken wurde ihnen bewusst, dass vor ihren Augen ein Wunder geschehen war. Dann stürmte die Menge herbei und blickte mit Ehrfurcht und nun erwachtem Entsetzen in diese schreckliche Grube hinab.

Wir sagen „schrecklich", weil es in diesem Fall ein exaktes Adjektiv ist. Das seltsamste Loch, in das der Mensch je geschaut hat. Es war so tief, dass es zunächst schien, als hätte es keinen Boden; Nicht einmal das stärkste Sehvermögen konnte die schwelende Schwärze durchdringen, die die herabsteigenden Tiefen umhüllte. Es erforderte ein starkes Herz und Mut, auch nur eine Minute lang stehen zu bleiben und den Kopf am Abgrund zu halten.

Es war gerade und steil; eine perfekte Kreisform; Der Bürgersteig und die steinernen Bordsteine waren wie mit einem Rasiermesser geschnitten, die Seiten waren so glatt wie durch Maschinenarbeit. Von den beiden Straßenbahnen, zwei Autos und ihren Insassen gab es nichts. Das Ganze so still und vollständig. Nicht einmal die Zuschauer konnten es wirklich glauben.

Es war schwer zu glauben. Die Zeitungen selbst nahmen die Nachricht mit großem Widerwillen auf. Es war zu sehr wie ein Scherz. Erst wenn die vertrauenswürdigsten Reporter gegangen waren und ihre Berichte telegraphiert hatten, würden sie überhaupt darüber nachdenken. Dann richtete sich die ganze Welt auf und wurde aufmerksam.

Ein Wunder! Wie Oakland's Press bezweifelten wir alle dieses Loch. Wir hatten fast alles Wissenswerte erreicht; wir waren die Herren der Erde und ihrer Geheimnisse und wir waren stolz auf unsere Weisheit; Natürlich lehnten wir solche Berichte aus gutem Grund ab. Es muss ein Scherz sein.

Aber die Drähte hielten hartnäckig. Es kam eine Bestätigung. Schon bald kam eine zuverlässige Nachrichtenagentur mit ausführlichen und detaillierten Berichten über das Geschehen. Wir erhielten die Nachricht von der höchsten und angesehensten Autorität.

Und trotzdem zweifelten wir. Es war die Geschichte selbst, die Zweifel hervorrief; es ist ein Hauch von Wunder. Es war zu einfach, auf dem Reporter herumzuhacken. Es könnte ein Loch geben und so weiter; Aber dieses Ding hat keine Erklärung! Vielleicht eine Bombe? Kein Geräusch? Ein neuer Sprengstoff? Keine solche Sache? Nun, woher wussten wir das? Es war besser als ein Wunder.

Dann kamen die Wissenschaftler. Sobald es möglich war, wurden Männer mit großem Verstand zum Tatort gedrängt. Die Welt war seit langem daran gewöhnt, das Diktum dieser großen Faktenspezialisten ohne Widerrede zu akzeptieren. Wenn wir an ihnen zweifeln würden, wären wir angesichts der Erfolge, die sie bereits hinter sich haben, kaum konsequent.

Wir kennen den Wissenschaftler und seine Gewohnheiten. Er ist der einzige Mann, der nichts glaubt, bis es bewiesen ist. Es ist sein Beruf, und dafür bezahlen wir ihn. Er kann den kleinsten Käfer fangen, der jemals aus einem Atom gekrochen ist, und ihm einen so langen Namen geben, dass ein polnischer Ringer, wenn er ihn ertragen müsste, unter der Last zusammenbrechen würde. Es ist genau sein Talent, unterzukommen, das uns unsere Zivilisation beschert hat. In unserer Utopie kann man einen Wissenschaftler nicht verwirren . Das geht nicht. Das ist einer der Gründe, warum wir anfingen, an das Wunder zu glauben.

In wenigen Augenblicken hatte sich eine Menschenmenge von vielen Tausenden um den Ort versammelt; Die Menge wurde so dicht, dass die Gefahr bestand, dass einige von ihnen in die Grube in der Mitte gedrängt wurden. Es bedurfte aller Ersatzpolizisten der Stadt, um sie weit genug zurückzuschlagen, um an den Ecken Seile aufzuspannen. Häuserblocks lang waren die Straßen voller staunender Tausender. Straßenverkehr war unmöglich. Es war notwendig, die Autos auf einen Umweg umzuleiten, um die Verkehrsadern zu den Vororten offen zu halten.

Wilde Gerüchte verbreiteten sich in der Stadt. Niemand wusste, wie viele Passagiere in den Straßenbahnen gewesen waren. Die Verantwortlichen des Unternehmens konnten aus dem Zeitplan die Nummern der Wagen und ihrer Besatzungen auswählen; aber wer konnte etwas über die Bewohner sagen?

Telefone klingelten mit tränenreichen Bitten. Als die ersten Gerüchte über das Grauen die Runde machten, verspürte jede Frau und Mutter eine Panik im Herzen. Es war ein Moment der historischen Psychologie. In unseren Büchern hatten wir von dieser seltsamen Phase der menschlichen Natur gelesen, die sich wie ein verrücktes, kreischendes Wesen aus der Katastrophe erhob. Das hatten wir in Utopia noch nie erlebt.

Es war zunächst ein Gepolter und eine Übertreibung; Je weiter die Geschichte zu den wartenden Tausenden zurückreichte, desto mehr gewann sie durch die Wiederholung. Eigentlich war es düster und schrecklich genug, aber es wurde immer wieder wiederholt. Vielleicht war es doch keine Psychologie. Der durchschnittliche Impuls des menschlichen Geistes entspricht nicht einmal so genau. Nach dem, was wir jetzt wissen, könnte es das Gift gewesen sein, das in die Luft gelangt ist; das neue Element, das die Atmosphäre der Stadt durchdrang.

Zunächst war es krampfartig. Die nächsten Zeugen der Katastrophe waren die ersten Opfer. Eine seltsame Krankheit machte sich unter denen aus der Menge bemerkbar, die an der Kontaktstelle gewesen waren. Das ist zu beachten. Ein seltsames Leiden, dessen Heftigkeit und Schnelligkeit den Ärzten ziemliche Rätsel aufgab.

Diejenigen unter den Ärzten, die der Aussage zustimmten, gaben an, es handele sich um einen Gewebeabbau. Was es natürlich war; das neue

Element, das durch die Atmosphäre der Stadt strahlte. Damals wussten sie es nicht.

Wie schade! Der subtile, geruchlose Schleier hüllte sich still über die Stadt. In kurzer Zeit waren die Krankenhäuser voll und es war notwendig, medizinische Hilfe aus San Francisco anzufordern. Sie hatten nicht einmal Zeit für eine Diagnose. Die neue Pest war fast schon bei der Empfängnis tödlich. Glücklicherweise machten die Wissenschaftler die Entdeckung.

Es war das Leichentuch. Nach drei Stunden war bekannt, dass sich die Todesanzeige über Oakland ausbreitete. Wir können unseren Sternen danken, dass es so früh gelernt wurde. Wäre die eigentliche Warnung ein paar Stunden später gekommen, wäre die Todesliste erschreckend ausgefallen.

Ein neues Element war entdeckt worden; oder wenn nicht ein neues Element, dann zumindest etwas, das alle Gesetze der atmosphärischen Hülle außer Kraft setzte. Eine neue Kombination, die fatal war. Als die Nachrichten und Warnungen verbreitet wurden, breitete sich am Ufer der Bucht Panik aus.

Aber einige Männer blieben hängen. Angesichts dieses Schreckens gab es diejenigen, die blieben und mit Verbissenheit und Opferbereitschaft an ihren Posten für die Menschheit festhielten. Es gab einige, die gesagt hatten, dass das Zeug, aus dem Helden sind, vergangen sei. Lassen Sie sie dann den Fall von John Robinson betrachten.

Robinson war Telegrafist. Bis zu diesem Tag war er ein armer Unbekannter; kein bisschen besser als seine Kameraden. Jetzt hat er einen Namen, der in die Geschichte eingehen wird. Angesichts dessen, was er wusste, blieb er unter der Decke. Die letzten Worte aus Oakland – seine letzte Nachricht:

„Die ganze Stadt Oakland ist von seltsamem Wahnsinn heimgesucht. Halten Sie sich von Oakland fern" – woraufhin ein zufälliger persönlicher Kommentar folgte:

„Ich spüre, wie es auf mich zukommt. Es ist wie das, was unsere Vorfahren gefühlt haben müssen, als sie sich betranken – abwechselndes Verlangen nach Kampf und Gesang – ein seltsames Gefühl, leicht und ekstatisch mit einem krampfhaften Zucken über der Stirn. Furchtbar durstig. Ich werde es durchhalten, wenn ich genug Wasser bekomme. Noch nie in meinem Leben war es so trocken."

Es folgte eine Pause des Schweigens. Dann die letzten Worte: „Ich schätze, wir sind erledigt. Es gibt etwas Gift in der Atmosphäre – irgendetwas. Es ist natürlich aus dieser Sache an der Fourteenth und am Broadway durchgesickert. Dr. Manson vom American Institute sagt, es sei etwas Neues, das eine fatale Kombination bildet; aber er kann ein neues Element nicht verstehen; Die Menge ist zu groß.

„Die Bevölkerung wurde gewarnt, die Stadt zu verlassen. Alle Straßen sind voller Flüchtlinge. Die Berkeley Hills sind wie mit Fliegen bedeckt – im Norden, Osten und Süden und auf den Booten nach Frisco. Das Gift, was auch immer es sein mag, rückt in einem Ring von der Fourteenth und dem Broadway vor. Sie müssen es diesen alten Jungs der Wissenschaft weitergeben. Sie bleiben bei diesem Ring. Sie haben bereits die Geschwindigkeit seines Vormarsches berechnet und eine Warnung ausgesprochen. Sie wissen nicht, was es ist, aber sie haben herausgefunden, wie schnell es sich bewegt. Sie haben die Stadt gerettet.

„Ich bin einer der wenigen Männer, die jetzt in der Welle sind. Aus Neugier bin ich dabei geblieben. Ich habe einen Krug und solange er reicht, werde ich bleiben. Komisches Gefühl. Trocken, trocken, trocken, als würde der Saft der eigenen Lebenszellen zu Staub werden. Wasser verdunstet fast augenblicklich. Es kann nicht durch Glas dringen. Was auch immer das Gift ist, es hat eine Affinität zu Feuchtigkeit. Verstehe es nicht. Ich hatte genug-"

Das war alles. Danach gab es keine Neuigkeiten mehr aus Oakland. Es ist das einzige Wort, das wir außerhalb des Leichentuchs haben. Es war kurz und unzusammenhängend und ein bisschen umgangssprachlich; aber dennoch eine Grundlage für Vermutungen.

Es ist seltsam und herrlich, wie manche Männer auf dem gefährlichen Posten bleiben. Dieser Operator wusste, dass es den Tod bedeutete; aber er blieb pflichtbewusst. Wäre er ein Mann mit wissenschaftlicher Ausbildung gewesen, wären seine Informationen möglicherweise von unschätzbarem Wert gewesen. Möge Gott jedoch seine heldenhafte Seele segnen!

Was wir wissen, ist Durst! Die Aussage der Experten bestätigte es. Irgendein neues Kraftelement stahl oder entzog der Atmosphäre die Feuchtigkeit. Ob sich dies zu einem Gift zusammenfügte, konnte nicht festgestellt werden.

An den Außenposten des vorrückenden Rings arbeiteten die Chemiker hektisch. In vier Stunden hatte es die Stadt bedeckt; in sechs Minuten hatte es San Leandro erreicht und rückte weiter in Richtung Haywards vor.

Es war eine seltsame Geschichte und von Anfang an unglaublich. Kein Wunder, dass die Welt zweifelte. So etwas war noch nie passiert. Wir hatten das Gesetz akzeptiert, die Zukunft anhand der Vergangenheit zu beurteilen; durch Abzug; wir waren an Ordnung und Gesetz gewöhnt; zu den Naturgesetzen. Dieses Ding sah tatsächlich wie ein Wunder aus; Das lag lediglich daran, dass wir es – wie es bei „Wundern" üblich ist – nicht verstehen konnten. Glücklicherweise können wir jetzt zurückblicken und immer noch auf die Natur vertrauen.

Die Welt zweifelte und hatte Angst. Sollte sich diese Gefahr langsam über den gesamten Bundesstaat Kalifornien und dann auf die ganze Welt ausbreiten? Dem Terror geht immer der Zweifel voraus. Eine angespannte Welt wartete. Dann kam das beruhigende Wort der Wissenschaftler:

„Gefahr vorbei; Die Kraft des Rings lässt nach. Berechnungen haben ergeben, dass die Welle langsam an Potenzial verliert. Es ist noch zu früh, um zu sagen, dass es Rezessionen geben wird, da die Welle gerade ihren Höhepunkt erreicht. Was es ist, können wir nicht sagen; aber es kann nicht unerklärlich sein. Nach einer Weile wird alles erklärt sein. Sagen Sie der Welt, dass es keinen Grund zur Beunruhigung gibt."

Aber die Welt war jetzt erregt; wie es zuvor an der Wahrheit zweifelte, zweifelte es jetzt an der Beruhigung. Wussten die Wissenschaftler davon? Hätten sie nur die Zukunft sehen können! Wir wissen jetzt, dass dies nicht der Fall war. Es gab nur einen Mann auf der Welt, der groß genug war, eine Katastrophe vorherzusehen. Dieser Mann war Charley Huyck .

KAPITEL III
DER BERG, DER WAR

Am selben Tag, an dem all dies geschah, verließ ein junger Mann, Pizzozi mit Namen und italienischer Abstammung, die kleine Stadt Ione im kalifornischen Amador County mit einer kleinen Lastwagenladung Salz. Er war einer der Viehzüchter, deren Hauptquartiere oder Bauernhöfe sich an den Ausläufern der Sierras befinden. In der Regenzeit bleiben sie in ihrem Heimatland im Tal; im Sommer dringen sie in die Berge vor. Pizzozi war in der Nacht zuvor aus den Bergen gekommen, um Salz zu holen. Er war seit Mitternacht unterwegs.

Zweitausend salzhungrige Rinder lassen keine Zeit für Klatsch. Mit der Sparsamkeit seines Rennens hatte Joe seinen Truck beladen und machte sich nach einem schnellen Schnappschuss beim Frühstück auf den Weg zurück in die Berge. Als die Nachrichten aus Oakland die ganze Welt begeisterten, befand er sich weit in den Sierras.

Die Sommerquartiere von Pizzozi befanden sich in der Nähe des Berges Heckla , dessen hoch aufragende Schultern genau in der Mitte der Weide der drei Brüder aufragten. Es war bis heute kein bekannter Berg und hatte keinen Grund für einen Namen, außer dass es sich um einen aus der Bergkette herausragenden Gipfel handelte; wie tausend andere, rau, mit Kiefern bewachsen, bedeckt mit Hirschgestrüpp, roter Erde und Bergelend .

Es war die Hirschbüsche, die den Pizzozis ihren Wert verlieh – ein saftiges Futter, das reichhaltiger ist als Luzerne. Im Frühsommer brachten sie Knochenvieh hervor. Als sie im Herbst zurückkamen , gingen sie los und aßen Rindersteaks. Aber Binnenvieh muss mehr als nur Futter haben. Salz ist die Tinktur, die sie gesund macht.

Die Zeit des regelmäßigen Salzens war längst überschritten. Pizzozi hatte es eilig. Es war neun Uhr, als er durch die Bergbaustadt Jackson fuhr; und um zwölf Uhr – die Minute der Katastrophe – hatte er das letzte kleine Dörfchen weit hinter sich, das mit der Zivilisation verbunden war. Es war vier Uhr, als er in der kleinen, von Kiefernholz geschützten Hütte ankam, die ihm im Sommer als Hauptquartier diente.

Er war seit Mitternacht unterwegs. Er war müde. Die langen, ermüdenden Stunden des Fahrens, die Steigungen, der ständige Stress durch den tiefroten Staub, die Hitze, die langen Tage und Nächte hatten sowohl den Geist als auch die Muskeln erschöpft. Jetzt war er an der Reihe, Salz zu holen; Jetzt, wo er hier war, konnte er sich ein wenig ausruhen, während seine Brüder das Salzen machten.

Es war ein friedlicher Ort! diese Hütte der Pizzozis ; Eingebettet zwischen den jungfräulichen, schattenspendenden Bäumen, großen, gefiederten Zuckerkiefern und einer Bergeiche, die sich über den Eingangshof erstreckt. Im Osten die steigenden Höhen der Sierras, neblig, graugrün, wellenförmig in die Ferne bis zu den rosa-weißen Schneekämmen von Little Alpine. Unten in der Schlucht das Wasser der Mokolumne ; im Westen die schweren dunklen Massen des Mt. Heckla , tief grün in der Kühle des kommenden Abends.

Joe blieb im Schatten der lebenden Eiche stehen. Die Luft war erfüllt vom kühlen, süßen Duft des Nachmittags. Kein Moment hätte friedlicher sein können; der blaue, klare Himmel über uns, der Hauch des Sommers und das beruhigende Gewürz der Kiefern. Ein Schäferhund kam ihm aus der Tür entgegengesprungen.

Es war sein Lieblingskuhhund. Wenn Joe zurückkam, war der Hund normalerweise weit weg, um ihm zuvorzukommen. Als er herankam, hatte er sich geistesabwesend über die Verzögerung des Hundes gewundert. Ein Hund ist vor allem ein Gewohnheitstier; nur etwas Ungewöhnliches würde ihn aufhalten. Allerdings war der Hund hier; Als der Mann vorfuhr, eilte er hinaus, um ihn zu begrüßen. Ein Ansturm, ein Kreis, ein Bellen und ein Willkommensgeschrei. Vielleicht hatte der Hund geschlafen.

Aber Joe bemerkte dieses Jammern; er war weise im Umgang mit Hunden; Als Ponto so jammerte, geschah etwas Ungewöhnliches. Es war weder überschwänglich noch spontan; sondern vielmehr aus der Freude des Beistands. Nach kaum einer Minute des Streichelns ging der Hund in die Hocke und blickte nach Westen. Sein Jammern war erschreckend; fast ängstlich.

Pizzozi wusste, dass etwas nicht stimmte. Der Hund kam näher, sein Stummelschwanz war aufgerichtet und sein Haar sträubte sich; Ein Blick war auf seinen Herrn gerichtet, der andere weinerlich und wachsam auf Mt. Heckla . Verwirrt blickte Joe auf den Berg. Aber er sah nichts.

War es der Hundeinstinkt oder war es Zufall? Wir haben den Account von Pizzozi . Nach den Worten des Italieners hatte der Hund Angst. Es war nicht die Art von Ponto; Normalerweise war er angesichts der Gefahr wachsam und eifrig; Jetzt zog er sich in die Hütte zurück. fragte sich Joe.

In der Hütte fand er nichts als Hinweise auf die Abreise. Von seinen Brüdern war nichts zu sehen. Jetzt war es an ihm, schlafen zu gehen; er war fast bis zur Taubheit erschöpft, achtundvierzig Stunden lang hatte er kein Augenlid geschlossen. Auf dem Tisch lagen ein paar ungewaschene Teller und Essenskrümel. Eines der drei Gewehre, die normalerweise an der Wand hingen, fehlte; Die Kaffeekanne stand mit geöffnetem Deckel auf dem

Boden. Auf dem Bett waren die Bettdecken durcheinander. Es war eine Versuchung, schlafen zu gehen. Hinter ihm die offene Tür und Ponto. Das Winseln des Hundes brachte seinen Willen und sein Bewusstsein in Einklang. Ein leises Rascheln in den Zuckerkiefern drang aus der Schlucht.

Joe beobachtete den Hund. Die Sonne schien gerade über dem Gipfel des Berges; auf der westlichen Linie die tiefen, spitzenartigen Silhouetten der Kiefern und die kahle Glatze von Heckla . Was war es? Seine Brüder sollten beim Salzen anwesend sein; Es war nicht ihre Gewohnheit, die Dinge auf den nächsten Tag zu verschieben. Er beschattete seine Augen und trat aus der Tür.

Der Hund erhob sich heimlich und ging unbehaglich hinter ihm her, mit dem gleichen beharrlichen Winseln und dem gleichen zerzausten Haar. Joe hörte zu. Nur das Murmeln der Berge, der süße Atem des Waldes und in den Pausen des angehaltenen Atems die plätschernde Melodie des Flusses weit unter ihm.

„Was siehst du, Ponto? Was Sie sehen?"

Bei den Worten schnüffelte der Hund und rückte leicht vor – ein Knurren und dann ein plötzliches Hasten, um seinem Herrn auf den Fersen zu sein. Ponto hatte Angst. Es verwirrte Pizzozi . Aber was auch immer ihm Angst machte, es war auf dem Mt. Heckla .

Dies ist einer der seltsamen Teile der Geschichte – die Rolle, die der Hund spielte, und was danach kam. Obwohl es eine triviale Sache ist, ist sie doch eine der unerklärlichsten. Hat der Hund es gespürt? Wir haben kein Maß für die Reichweite des Instinkts, aber wir wissen, dass die Tiere vor der Zerstörung von Pompeji in ihren Käfigen brüllten. Dennoch ist es angesichts unseres heutigen Wissens schwierig, die Analogie zu akzeptieren. Vielleicht war es ja auch Zufall.

Dennoch entschied sich Pizzozi . Das Vieh brauchte Salz. Er würde seinen Pinto einholen und zu den Salzstämmen reiten.

Es gibt keinen Moment in der Viehwirtschaft, der mit dem Einsalzen auf dem Weideland vergleichbar ist. Es ist vielleicht nicht das Spektakulärste, aber an Intensität mangelt es ihm sicherlich nicht. Der Weg von Pizzozi war musikalisch, wenn auch nicht opernhaft. Er hatte einen weitreichenden Ruf, einen steigenden Rhythmus, der in Tiefe und Klang eine besondere Wirkung auf die zerrissene Stille hatte. Es hallte und widerhallte und hallte von der Spitze bis zum Fuß des Berges. Der Salzruf ist der Talisman der Berge.

„ *Alleewahoo !*""

Zweitausend Rinder, verstärkt durch tausend Streuner, hoben als Antwort ihre Köpfe. Der Duft des willkommenen Salzrufs! Trotz der ganzen

Bandbreite der Stimme des Mannes blieb das Vieh auf seiner grünen Weide stehen und lauschte.

„ *Alleewahoo !*“”

Eine alte Kuh brüllte. Es war der Beginn des Chaos. Vom Fuß des Berges bis zum Gipfel und kilometerweit darüber hinaus verlief der Salzruf. Dreitausend Köpfe brüllten vor Freude beim Salzen.

Pizzozi ritt mit. Jeder Schwung seines Pintos durch das hohe, verworrene Elend war akzentuiert. „ *Alleewahoo !*“ *Alleewahoo !* „Das Zerreißen des Gestrüpps, die Verwirrung und das Chaos breiteten sich bis zum Grund der belaubten Schluchten aus. Es ist kein Ort für Fußgänger. Mit erhobenem Kopf und Schwanz stampften die Rinder auf die Baumstämme zu.

Ein paar Köpfe waren ihm zuvorgekommen. Diese vertrieb er schnell und schnitt den Sack auf. In aller Eile schüttete er es auf die Baumstämme; Dann ritt er aus dem Staub, der meterweit bis zu feinstem Pulver zertreten war. In der Mitte einer Herde Pökelvieh gibt es keinen Ort zum Wohlfühlen. Der Mann ritt davon; auf der linken Seite stieg er einen niedrigen Hügel hinauf, wo er vor dem Ansturm sicher sein würde; aber nah genug, um die Marken zu unterscheiden.

In kürzester Zeit war der Ort mit Mahlvieh belebt. Alte Kühe, Färsen, Bullen, Kälber und Ochsen stürzten aus dem tosenden Unterholz auf die Lichtung. Es gibt keinen Moment, der genau so wäre. Was zuvor eine weite Lichtung aus bräunlich-rötlichem Staub gewesen war, wurde in eine gewaltige Wolke aus brüllender Unschärfe zertrampelt, tausend Rinder, und immer noch kommend. Aus höchster Höhe ertönte der hallende Ruf. Pizzozi warf einen Blick zum Gipfel des Berges.

Und dann passierte etwas Seltsames.

Nach dem, was wir aus den aufgeregten Berichten von Pizzozi erfahren haben , geschah es augenblicklich; und doch hatte es mit denselben Worten eine so eigenartige und schöne Wirkung, dass man es nie vergessen würde. Allerdings ein bläuliches Azurblau mit unzähligen purpurroten Flecken , eine eigentümliche Lebendigkeit der Opaleszenz; die ganze Welt funkelt; der Himmel, die Luft, der Berg, eine riesige Flamme aus Farben, so breit und so intensiv, dass es schien, als gäbe es nichts daneben. Und augenblicklich – es war fast vorbei, bevor es begonnen hatte. Kein Lärm, keine Warnung und keine anschließende Detonation: so still wie ein Zwinkern und in der Tat sehr ähnlich wie die seltsame Farbverwischung, die durch Sehstörungen entsteht. Alles im Bruchteil einer Sekunde. Pizzozi hatte auf den Berg gestarrt. Es gab keinen Berg!

Es gab auch kein Vieh. Wo zuvor der Schatten des hoch aufragenden Gipfels gewesen war, waren jetzt die Strahlen der westlichen Sonne. Anstelle der verschwommenen Herde und ihres ohrenbetäubenden Lärms herrschte jetzt seltsame Stille. Die Transparenz der Luft war bis in die Ferne ungebrochen. In der Ferne lag eine friedliche Bergkette im Sonnenuntergang. Es gab keinen Berg! Es gab auch kein Vieh!

Für einen Moment hatte der Mann genug mit seinem stürzenden Mustang zu tun. In der Verschwommenheit der folgenden Sekunde erinnert sich Pizzozi an nichts weiter als an die Krämpfe kämpfender Pferde, die sich ruckelten, drehten und stürzten, und den sanften Pinto, der sich plötzlich in einen Dämon verwandelte. Es erforderte die ganze Geschicklichkeit des Kuhhirten, seinen Sattel zu behalten.

Er wusste nicht, dass er am Rande der Ewigkeit unterwegs war. In seinem Kopf war die undeutliche unbewusste Erkenntnis, dass etwas passiert war. Trotz all seiner Bemühungen kämpfte das Pferd rückwärts. Es dauerte einige Augenblicke, bis er siegte. Dann schaute er.

Es war ein langsamer, zögernder Moment. Man kann sich nicht erklären, was er angesichts eines Wunders tun wird. Was der Italiener sah, reichte zum Schrecken. Die schiere Größe des Dings war zu groß, um darüber nachzudenken.

Auf den ersten Blick wurde sein einfältiger Verstand vor lauter Ohnmacht taub; sein Schrecken war bis zu einem gewissen Grad eingefroren. Der gesamte Mt. Heckla war abgeholzt worden; anstelle ihres dunklen Schattens blinzelte ihm die untergehende Sonne ins Gesicht; Der ganze westliche Himmel ist ganz golden. Von der flachen Salzklärung am Fuße des Berges waren keine Spuren mehr zu sehen. Von den zweitausend Rindern, die im Staub umherstreiften, blieb kein einziges übrig. Der Mann bekreuzigte sich benommen. Mechanisch gab er dem Pinto die Sporen.

Aber der Mustang würde es nicht tun. Ein weiterer Kampf mit ruckelndem, kämpfendem, wahnsinnigem Pferdefleisch. Der Kuhhirte muss unbedingt sein gesamtes Können aus seiner Ausbildung einbringen; Aber als er die Sache überwunden hatte, hatte sich sein Verstand in einem gewissen Rahmen des Verständnisses eingependelt.

Das Pony hatte gute Gründe für seine Angst. Obwohl der Geist des Mannes dieses Mal schwankte, verstummte er angesichts des Zusammenpralls der Unermesslichkeit nicht. Nicht nur der ganze Berg war weggerissen worden, sondern auch seine Wurzeln. Das Ganze stand auf dem Kopf; die Welt bis ins Innerste zerrissen. Anstelle der früheren Höhe befand sich ein Abgrund, der so tief war, dass seine Tiefen schwarz waren.

Er stand am Abgrund. Er war ein cooler Mann, war Pizzozi ; aber es war schwer, in der Verwirrung eines solchen Wunders klar zu denken; viel weniger zur Vernunft. Der tänzelnde Mustang schnaubte vor Angst. Der Mann blickte nach unten.

Die Schwindelgefühle des Abgrunds, der sich in Schatten und Chaos verlor, überwältigten ihn, sein Geist war jetzt klar genug, dass er in der Ferne wahrnehmen konnte. Die Tiefe war ekelerregend. Sein ganzer Körper erlag einem plötzlichen Schwächegefühl: der Krankheit, die kurz vor dem Fall auftritt. Er wurde im Sattel schlaff.

Aber das Pferd kämpfte rückwärts; Instinktiv gewarnt, zog es sich von den steilen Ufern des Golfs zurück. Es hatte keinen Grund außer seiner Natur. In diesem Moment spürte es, wie der eiserne Wille seines Meisters nachließ. In einem Moment hatte es sich umgedreht und raste auf seinem wilden Weg aus den Bergen heraus. In den höchsten Momenten wird ein Viehpferd immer nach Hause greifen. Der Pinto und sein schlaffer Reiter waren auf der Straße nach Jackson auf der Flucht.

Pizzozi hatte keine Ahnung, was in Oakland passiert war. Für ihn war das Ganze nur ein Wunder gewesen; er konnte nicht argumentieren. Er hat sein Pferd nicht gezügelt. Dass er immer noch im Sattel saß, war eher dem Instinkt seiner Ausbildung als seinem Willen zu verdanken.

Er kam nicht einmal vor der Hütte an. Dass er mit seinem Motor eine bessere Zeit erreichen könnte als mit seinem Pinto, kam ihm nicht in den Sinn; sein Geist war viel zu beschäftigt; und jetzt, da die Sache vorbei war, zu voller Schrecken. Bis zur Stadt waren es vierundvierzig Meilen; Es war Nacht und die Sterne leuchteten, als er nach Jackson fuhr.

KAPITEL IV
„Der Mensch – ein großer kleiner Käfer"

Und was ist mit Charley Huyck ? Es waren seine Vorfreude und sein Training, die uns dazu veranlassten, die Geschichte zu erzählen. Ohne die seltsame Art seiner Erziehung und den großen Glauben und die Wertschätzung von Dr. Robold gäbe es heute keine Geschichte zu erzählen. Der kleine Zwischenfall mit dem brennenden Glas hatte zugenommen. Wenn es so etwas wie Schicksal nicht gibt, gibt es zumindest etwas, das dem Schicksal sehr nahe kommt.

In dieser Nacht finden wir Charley am Observatorium in Arizona. Er ist ein erwachsener und großartiger Mann, und obwohl er erwachsen ist, unterscheidet er sich nicht allzu sehr von dem Jungen, den wir auf der Straße trafen, als er Zeitungen verkaufte. Groß, schlank, ganz leicht gebeugt und mit den gleichen idealistischen, verträumten Augen des Dichters. Sicherlich hätte ihn niemand auf den ersten Blick für einen Wissenschaftler gehalten. Was er war und was nicht.

Tatsächlich ist die Wissenschaft von Charley Huyck etwas ganz anderes . Sicherlich wissenschaftlich, aber nicht prosaisch. Er war der Erste und vielleicht der Letzte in der Schule von Dr. Robold , eine eigenartige Kombination aus Poesie und Tatsachen, ein Mann mit Weitsicht, weitsichtigem Glauben und Idealismus, verbunden und basierend auf den kältesten und strengsten Wahrheiten des Materialismus. Ein eigenartiger Grundsatz der Theorie von Robold : „Wahre Wissenschaft, die sie selbst ist, sollte zur Hälfte Poesie sein." Was jeder von uns, der es gelesen hat oder in der Schule war, weiß, dass dies nicht der Fall ist. Es handelt sich um eine eigenartige Theorie, die zwar ziemlich wild ist, aber dennoch einige Argumente dafür spricht.

Wir alle kennen unsere Schulmeister; insbesondere die der Wissenschaft und wofür sie stehen. Fakten, Fakten, nichts als Fakten; keine Träume oder Romantik. Rückblickend können wir ihnen fast die Emotionen von Gurken zugestehen. Wir erinnern uns an ihre kalten, harten Gesichtszüge, das Drängen nach Fakten, die Anhäufung von Daten. Sicherlich ist darin keine Poesie enthalten.

Dennoch dürfen wir nicht leugnen, dass sie im Fortschritt der Zivilisation bei weitem der mächtigste aller Menschen waren. Nicht einmal Robold würde es leugnen.

Der Punkt ist dieser:

Der Arzt behauptete, dass der Fortschritt der materiellen Zivilisation von Anfang an drei verschiedene Kanäle verfolgt habe; Wissenschaft, Erfindung und Verwaltung. Es war einfach seine Theorie, dass die ersten beiden eins sein sollten; dass der Wissenschaftler sich nicht nur mit trockenen Fakten, sondern mit Erfindungen beschäftigt und dass der Erfinder, sofern er kein Wissenschaftler ist, nur die Hälfte seines Fachs beherrscht. „Der wirklich große Wissenschaftler sollte ein Visionär sein", sagte Robold , „und ein Erfinder ist lediglich ein Dichter mit Werkzeugen."

Hierher kommt Charley Huyck . Er war ein Visionär, ein Wissenschaftler, ein Dichter mit Werkzeugen, der Schützling von Dr. Robold . Er träumte Dinge, an die kein Wissenschaftler gedacht hatte. Und wir sind dankbar für seine Träume.

Der einzige große Freund von Huyck war Professor Williams, ein Mann aus Charleys Heimatstadt, der ihn schon aus der Zeit des Zeitungsverkaufs kannte. Sie waren als Jungen, als Teenager und noch einmal auf dem College Freunde gewesen . In späteren Jahren, als Huyck zum Visionär, zum geheimnisvollen Mann vom Berg und Williams zum großen Professor der Astronomie geworden war, war die Freundschaft so stark wie eh und je.

Aber es gab einen Unterschied zwischen ihnen. Williams war bis ins kleinste Detail scharfsinnig und hatte nicht den Hauch einer Vision, die über die reine Wissenschaft hinausging. Er war in der alten, eiskalten Theorie der Exaktheit aufgewachsen; er lebte in Zahlen. Er konnte Huyck und seine Argumentation nicht verstehen. Er war durchaus bereit, den Tatsachen zu folgen, soweit es die Fakten zuließen, und weigerte sich, sich auf Spekulationen einzulassen.

Das war der Punkt zwischen ihnen. Charley Huyck hatte eine Vision; Obwohl er genau wie jeder andere Mensch war, neigte er immer wieder zu Spekulationen. Was ist und was sein könnte und die Kluft dazwischen. Die Kluft zu überbrücken war das Lebenswerk von Charley Huyck .

Im gemütlichen kleinen Büro in Arizona finden wir sie; Charley mit den Füßen auf dem Schreibtisch und Williams präzise und pünktlich, getreu seiner Ausbildung, der die Genauigkeit seiner Philosophie verteidigt. Es war die Kühle des Abends; Die Sonne milderte gerade die Hitze der Wüste. Durch die offenen Türen und Fenster wehte ein kühler Wind. Charley rauchte; Dieselbe alte Pfeife war der Fluch von Williams' College-Leben gewesen.

„Dann wissen wir es?" er fragte.

„Ja", sagte der Professor, „was wir wissen, Charley, das wissen wir; obwohl es natürlich nicht viel ist. Es ist sehr schwer, ja unmöglich, Zahlen zu leugnen. Wir haben nicht nur die Beweise der Geologie, sondern auch der astronomischen Berechnungen, wir haben Fakten und Zahlen sowie unsere Sternbeziehungen überall um uns herum.

„Die Welt muss untergehen. Es ist schwer, das zu sagen, aber es ist eine Tatsache der Wissenschaft. Langsam, unausweichlich und rücksichtslos wird das Ende kommen. Eine reine Frage der Arithmetik."

Huyck nickte. Es war seine besondere Lebensaufgabe, sich von seinem ehemaligen Mitbewohner zu unterscheiden. Er war nur aus Freude an der Andersartigkeit von seinem eigenen Berg in Colorado heruntergekommen.

"Ich verstehe. Ihre alten Berechnungen der Gezeitenverzögerung. Oder wenn das nicht klappt, der Verlust von Sauerstoff und Wasser."

„Entweder das eine oder das andere; eine Frage der Zahlen; Die Erde wird jeden Tag von der Sonne angezogen: Ihre Rotation verlangsamt sich; Wenn die Zeit gekommen ist, wird es auf die Sonne genauso reagieren, wie der Mond heute auf die Erde wirkt."

"Ich verstehe. Auf der einen Seite der Erde wird es ewige Nacht und auf der anderen Seite ewiger Tag geben. Ein Fall von Verbrennen oder Einfrieren."

"Genau. Wenn das nicht gelingt, wird das Wassergas nach und nach in den Sternraum entweichen und wir werden in die Wüste abdriften. Lediglich eine Frage der alten dynamischen Gastheorie; dass die Moleküle in Bewegung sind, ständig kollidieren und in die Varianz herausschießen.

„Jede Minute, jede Stunde, jeden Tag verlieren wir einen Teil unserer atmosphärischen Hülle. Mit der Zeit wird alles verschwinden; Wenn es soweit ist, werden wir alle Wüste sein. Werfen Sie zum Beispiel einen Blick nach draußen. Das ist Arizona. Einst war es der Grund eines tiefblauen Meeres. Warum leugnen, wenn wir den Anfang bereits sehen können?

Der andere lachte.

„Ziemlich gute Mathematik, Professor. Nur-"

"Nur?"

„Dass es nur Mathematik ist."

„Nur Mathematik?" Der Professor runzelte leicht die Stirn. „Mathematik lügt nicht, Charlie, du kannst ihnen nicht entkommen. Was für ein phantasievolles Argument bringen Sie jetzt vor?"

„Einfach dies", entgegnete der andere, „dass Sie sich zu sehr auf Zahlen verlassen." Sie sind materiell und können naturgemäß nur zur Berechnung zukünftiger Ereignisse herangezogen werden. Sie müssen über Prämissen und Fakten verfügen, auf denen Sie stehen können. Deine Figuren sind starr:

Sie haben keine Elastizität; Wenn Ihre Grundlagen nicht dauerhaft und fehlerlos sind, werden Ihre Schlussfolgerungen Sie nur in die Irre führen."

"Gewährt; Genau der Punkt: Wir wissen, wo wir stehen. Worin irren wir uns?"

Es war der alte Unterschied. Huyck hat ständig die Idole des reinen Materialismus niedergeschlagen. Williams gehörte der weltweiten Schule an.

„Sie irren sich, mein lieber Professor, in einer sehr kleinen und einer sehr großen Sache."

"Was ist das?"

"Mann."

"Mann?"

"Ja. Er ist ein toller kleiner Käfer. Du hast ihn in deiner Berechnung außen vor gelassen – was ihn verärgern wird."

Der Professor lächelte nachsichtig. „Ich werde zulassen; er ist zumindest ein eingebildeter Käfer; aber du kannst ihm sicherlich nicht viel gewähren, wenn er gegen das Universum antritt."

"NEIN? Ist es Ihnen jemals in den Sinn gekommen? Professor, was ist das Universum? Die Sterne zum Beispiel? Der Weltraum, die unermessliche Distanz der Unendlichkeit. Hast du noch nie geträumt?"

Williams konnte ihn nicht ganz fassen. Huyck hatte eine Angewohnheit, die ihm aus der Kindheit erwachsen war. Er erlaubte seinem Gegner immer, sich zu engagieren. Der Professor antwortete nicht. Aber der andere sprach.

"Äther. Du weißt es. Ob Geist oder Granit. Zum Beispiel deine Wüste." Er legte seinen Finger an seine Stirn. „Dein Geist, mein Geist – lokalisierter Äther."

„Was willst du erreichen?"

„Nur das. Ihr Universum verfügt über Intelligenz. Es hat sowohl Geist als auch Materie. Der kleine Knoten namens Erde wird bewusst. Ihre Schlussfolgerungen sind inkompetent, wenn sie nicht sowohl den Geist als auch die Materie umfassen, und das können sie nicht. Deine Mathematik ist wertlos."

Der Professor biss sich auf die Lippe.

„Immer fantasievoll." Er kommentierte: „Und visionär. Dein Argument ist schön, Charley, und hoffnungsvoll. Ich wünschte, es wäre wahr. Aber alle Dinge müssen reifen. Sogar eine Erde muss sterben."

„Nicht unsere Erde. Sie schauen in die Vergangenheit, Herr Professor, um Beweise zu finden, und ich schaue in die Zukunft. Geben Sie einem Planeten genügend Zeit zum Reifen, dann wird er Leben entwickeln; Geben Sie es noch länger, und es wird Intelligenz hervorbringen. Unsere eigene Erde kommt gerade ins Bewusstsein; Die Laufzeit beträgt mindestens dreißig Millionen Jahre."

"Was meinen Sie?"

"Das. Dieser Mann ist ein toller kleiner Käfer. Geist: die Intelligenz der Erde."

Das ist natürlich etwas trocken. Das Gespräch solcher Männer richtet sich sehr oft an diejenigen, die ihnen nicht folgen möchten. Aber es ist sehr relevant für das, was danach kam. Wir wissen jetzt, jeder weiß, dass Charley Huyck Recht hatte. Sogar Professor Williams gibt es zu. Unsere Erde ist bewusst. In weniger als vierundzwanzig Stunden musste es sein Bewusstsein einsetzen, um sich vor der Zerstörung zu retten.

Eine Glocke läutete. Es war die private Leitung, die das Büro mit der Residenz verband. Der Professor nahm den Hörer ab. "Nur eine Minute. Ja? In Ordnung." Dann zu seinem Begleiter: „Ich muss zum Haus gehen, Charley. Wir haben genug Zeit. Dann können wir zur Sternwarte hinaufgehen."

Das zeigt, wie wenig wir über uns selbst wissen. Armer Professor Williams! Er hätte nicht gedacht, dass diese beiläufigen Worte das Letzte waren, was er jemals mit Charley Huyck sprechen würde .

Die ganze Welt brodelt! Der Anfang vom Ende! Charley Huyck im Wirbel. Die nächsten paar Stunden sollten die anstrengendsten in der Geschichte des Planeten werden.

KAPITEL V
Die bevorstehende Katastrophe

Es war Nacht. Die Sterne, die gerade hervorgegangen waren, wurden von Millionen über der schlafenden Wüste gesichtet. Eine der landestypischen Nächte, die wir alle so gut kennen, wenn nicht aus Erfahrung, so doch vom Hörensagen; Sanft, weich, bestreut wie salziges Feuer, funkelnd.

Jedes kleine Licht eine Botschaft aus der Unendlichkeit. Kosmische Größe; Geist: Chaos, Ewigkeit – eine Nacht zum Träumen. Wer auch immer den Ort in der Wüste gewählt hatte, hatte alles richtig gemacht. Charley hatte von Bewusstsein gesprochen. Als er in dieser Nacht zu den Sternen aufblickte, war er deren Personifikation. Sicherlich wachte ein guter Geist über die Erde.

Ein kühler Wind wehte; in seinem Atem schwebte das Gemurmel aus dem Dorf; Lachen, Kinderlieder, das Schnurren von Motoren und das erschrockene Bellen eines Hundes; das verwirrte Dröhnen des Menschen und seiner Zivilisation. Von der Anhöhe blickte das Observatorium auf die Stadt und den Lichtschein, der im trüben Schein der Wüste wie Juwelen glänzte. Im Osten neigt sich der sanfte Mond gerade über den Berg. Charley trat ans Fenster.

Er konnte alles sehen. Die subtile Schönheit, die der Poesie so ähnlich war: der Wüstenstreifen, die Berge, das Licht am östlichen Himmel; der trübe, ebene Schatten, der die Ebene im Norden markierte. Im Westen ragen die Berge schwarz bis zur Sternlinie auf. Eine schöne Nacht; gesüßt mit dem Hauch der Wüste und eingestimmt auf seinen Schlaf.

Auf der anderen Seite des Rasens beobachtete er, wie der Professor den Pfad unter den Akazien hinunterging. Ein Auto kam die Auffahrt herauf; Als es unter den Bögen hindurchfuhr, bemerkte er seine kraftvollen Linien und seinen Fahrer; eines dieser großartigen Vergnügungsautos, die im letzten Jahrzehnt wieder in Mode gekommen sind; das leise Schnurren seines Motors, die großen, schweren Reifen und seine Staubschicht. Es gibt eine Verlockung über ein tolles Auto, das aus der Wüste kommt. Das Auto hielt an, bemerkte Charley. Zweifellos etwas für Williams. Wenn dem so wäre, würde er alleine in die Sternwarte gehen.

Im engeren Sinne des Wortes war Huyck kein Astronom. Er hatte es nicht zu seinem Beruf gemacht. Dennoch wusste er Dinge über die Sterne, von denen die genaueren Professoren nicht zu träumen gewagt hätten. Charley war ein Träumer. Er hatte einen ganz eigenen Code und eine eigene Denkweise. Zwischen ihm und den Sternen liegt ein Geheimnis.

Er hatte es nicht preisgegeben, oder wenn doch, dann so offen, dass man darüber lachte. Die Berechnung war nicht kalt genug oder, selbst wenn ja, zu weit von ihrer Schlussfolgerung entfernt. Huyck hatte Fantasie; sein Universum war lebendig und mächtig; es hatte Intelligenz. Ohne sie könnte die Materie nicht leben. Der Mensch war seine Manifestation; komme einfach zum Bewusstsein. Das Universum wimmelte von Intelligenz. Charley blickte zu den Sternen.

Er durchquerte das Büro, ging durch den Empfangsraum und von dort zur Treppe, die zum Observatorium führte. In der Zeit, die bis zur Ankunft seines Freundes vergehen würde, würde er genügend Zeit zum Beobachten haben. Irgendwie hatte er das Gefühl, dass es Zeit für Entdeckungen gab. Er war nach Arizona gekommen, um die Linse seines Freundes, des Astronomen, zu nutzen. Das Instrument, das er auf seinem eigenen Berg in Colorado errichtet hatte, hatte ihm nicht die volle Befriedigung verschafft, die er erwartet hatte. Hier in Arizona, in der trockenen, klaren Luft, die bisher so großartige Ergebnisse gebracht hatte, hoffte er, das zu finden, was er suchte. Aber er hatte nicht damit gerechnet, das Schreckliche zu entdecken, das er getan hatte.

Es ist einer der seltsamsten Teile der Geschichte, dass er genau in dem Moment hier sein sollte, in dem das Schicksal und die Sicherheit der Welt ihn gehabt hätten. Seit Jahren arbeiteten er und Dr. Robold an ihren visionären Projekten. Sie waren beide Träumer. Während andere spotteten, beschäftigten sie sich schweigend mit ihrer großartigen Arbeit zur Kinetik.

Der Junge und das Brennglas waren unter der Anleitung von Dr. Robold herangewachsen : Die Zeit war nahe, da er den Ausspruch von Archimedes übertreffen konnte. Obwohl die Welt es nicht wusste, war Charley Huyck an einem Punkt angelangt, an dem er buchstäblich die Erde verbrennen konnte.

Aber er war nicht unheimlich; Obwohl er die Macht hatte, hatte er natürlich nicht die geringste Absicht. Er war ein Träumer und es war Teil seines Traums, dass der Mensch seine Knechtschaft an die Erde brechen und in das Universum vordringen sollte. Es war eine großartige Idee, und ohne das schreckliche Ereignis, das ihm das Leben gekostet hätte, hätten wir zweifellos Erfolg gehabt.

Es war halb elf, als er die Stufen hinaufstieg und sich setzte. Er warf einen Blick auf die Uhr: Er hatte noch gute zehn Minuten. Er hatte zuvor genau den Zeitpunkt für die Beobachtung berechnet. Monatelang hatte er genau auf diesen Moment gewartet; Er hatte nicht gehofft, allein zu sein, und jetzt, da er einsam war, schätzte er sich glücklich. Nur die Stars und Charley Huyck kannten das Geheimnis; und nicht einmal er ahnte, was es bedeuten würde.

Aus seiner Tasche zog er eine Reihe von Papieren; die meisten davon sind mit Notizen versehen; teilweise mit Zeichnungen; und eine große Karte in Farben. Dies breitete er vor sich aus und begann mit seinem Bleistift ein Netz aus Linien und Kreuzlinien quer über die Oberfläche zu zeichnen. Viele Zahlen und eine schnelle Berechnung. Er nickte und machte dann die Beobachtung.

Es wäre interessant gewesen, in den nächsten Augenblicken das Gesicht von Charley Huyck zu studieren. Zuerst war er nur empfänglich, sein Gesicht ruhig, aber mit der fleißigen Konzentriertheit eines Menschen, der den richtigen Moment erreicht hat, und als er begann, das zu finden, was er suchte, verspürte er einen Eifer der Befriedigung. Dann eine seltsame Leere; die leichte Bewegung seines Körpers hörte auf, und das Klopfen seiner Füße hörte ganz auf.

Ganze fünf Minuten lang eine absolute Vorfreude. Während dieser Zeit war er draußen zwischen den Sternen und erblickte etwas, wovon nicht einmal er geträumt hatte. Es war mehr als ein Geheimnis: Und was es war, hätte nur Charley Huyck von all den Millionen Männern erkennen können. Doch es war mehr, als selbst er erwartet hatte. Als er sich endlich zurückzog, war sein Gesicht kreideartig; Große Schweißtropfen standen auf seiner Stirn, und die schreckliche Wahrheit in seinen Augen ließ ihn zehn Jahre älter aussehen.

"Mein Gott!"

Für einen Moment Unentschlossenheit und seltsame Ohnmacht. Die Wahrheit, die er gesehen hatte, lähmte sein Handeln; von seinen Lippen die gemurmelten Worte:

"Diese Welt; meine Welt; unsere große und herrliche Menschheit!"

Ein Satz, der Verzweiflung und Segen bedeutete.

Dann drehte er sich mechanisch um, um seine Beobachtung zu bestätigen. Da er wusste, was er dieses Mal sehen würde, war er nicht so entsetzt: Sein Geist wurde durch die klare Tatsache, was er sah, klar. Als er sich schließlich zurückzog, wirkte sein Gesicht ruhig.

Er war ein Mann, der schnell dachte – den Sternen sei Dank dafür – und, sobald er einmal gedacht hatte, schnell zur Tat schritt. Über der Erde lauerte eine Gefahr. Im Falle einer Nichtigerklärung gab es keine Sekunde zu verlieren, um die Möglichkeiten abzuwägen.

Er hatte sein ganzes Leben lang geträumt. Er hätte nie gedacht, dass der Höhepunkt genau das Gegenteil von dem sein würde, was er sich erhofft hatte. In seinem Unterbewusstsein betete er für Dr. Robold – tot und für immer verschwunden. War er nur hier, um ihm zu helfen!

Er ergriff ein Blatt Papier. Über das weiße Gesicht führte er eine Menge Berechnungen durch. Er arbeitete wie ein Blitz; Seine Finger bewegten sich und sein Geist konzentrierte sich auf den Punkt des Genies. Bei seiner Berechnung hat er nichts übersehen. Wenn die Erde eine Chance hätte , würde er sie finden.

Es gibt immer Möglichkeiten. Er rechnete die Chancen für das größte Rennen seit seiner Gründung aus. Während die ganze Welt schlief, während die unzähligen Millionen in liebevoller Geborgenheit lagen, zog Charley Huyck dort in dem einsamen Raum in der Wüste ihre geschätzten Chancen bis ins Unendliche.

„Nur eine Chance von einer zu einer Million."

Er würde es nehmen. Die Worte waren noch nicht aus seinem Mund, als seine langen Beine die Treppe hinunter sprangen. Im Bruchteil von Sekunden stürzte sich sein Geist in klare Taten. Er hatte jahrelang geträumt; All seine Studien- und Unterrichtsjahre bei Robold gaben ihm genau das richtige Training für eine solche Katastrophe.

Aber er brauchte Zeit. Zeit! Zeit! Warum war es so wertvoll? Er muss zu seinem eigenen Berg gelangen. Bei sechs Sprüngen war er im Büro.

Es war leer. Der Professor war nicht zurückgekehrt. Er dachte eher grimmig und flüchtig an ihr Gespräch vor ein paar Minuten; Was würde Williams jetzt von Wissenschaft und Bewusstsein denken? Er nahm den Telefonhörer ab. Während er wartete, sah er aus dem Augenwinkel das Auto in der Einfahrt. Es war-

"Hallo. Der Professor? Was? In die Stadt gegangen? NEIN! Nun, sagen wir mal, das ist Charley" – er beobachtete das Auto vor dem Gebäude. „Sagen Sie, hallo – sagen Sie ihm, ich bin nach Hause gegangen, nach Hause! Heimat von Colorado – von Colorado, ja – von den Bergen – dem Berg . Oh, egal – ich hinterlasse eine Nachricht.

Er legte den Hörer auf. Auf dem Schreibtisch kritzelte er auf ein Blatt Papier:

ED :

„Schauen Sie sich diese an. Ich bin auf dem Weg zum
Berg. Keine Zeit zum Erklären. Draußen steht ein Auto.
Bleiben Sie beim Objektiv. Lass es nicht. Wenn die Erde
steigt, wirst du wissen, dass ich den Berg noch nicht erreicht
habe."

Neben die Notiz legte er eine der Karten, die er in seiner Tasche hatte – mit seinem Bleistift zeichnete er knapp über der Mitte ein schwarzes Kreuz. Unter der Karte befanden sich eine Reihe von Berechnungen.

Es ist interessant festzustellen, dass er im Stress des großen kritischen Moments den Professorentitel vergaß. Es war eine gute Sache. Als Williams es las , erkannte er die Bedeutung. Ihr ganzes Leben lang war er in entscheidenden Momenten „Ed“ gewesen. an Charley.

Aber die Notiz war alles, was er finden sollte. Es wehte ein frischer Wind. Durch ein seltsames Schicksalsgleichgewicht löste dieselbe Bewegung, die Huyck aus dem Gebäude ließ, Wind aus und brachte die Berechnung durcheinander.

Es war eine Kleinigkeit, aber sie reichte aus, um die ganze Welt in Unwissenheit und Verzweiflung zu halten. Der Wirbelsturm, der durch die Tür hereinströmte, hob die kostbare Karte auf, richtete sie wie ein kleines Flugzeug aus und ließ sie ordentlich hinter einem Bücherregal fallen.

KAPITEL VI
Ein Wettlauf um die Rettung der Welt

Huyck arbeitete geradlinig. Kurz bevor seine letzten Worte am Telefon gesprochen waren , hatte er das Auto draußen beschlagnahmt; ob Geld oder Gerede, Glaube oder Gewalt, er würde es haben. Das Summen des Motors ertönte in seinen Ohren, als er die Stufen hinunterlief. Er war ohne Hut und trug Hemdsärmel . Der Fahrer war gerade dabei, ein paar Werkzeuge ins Auto zu legen. Mit einem Sprung hatte Charley ihn am Kragen.

„Fünftausend Dollar, wenn du mich in zwanzig Stunden nach Robold Mountain bringen kannst."

Die Plötzlichkeit des Ansturms überraschte den Mann, schleuderte ihn gegen das Auto und drehte ihn halb herum. Charley blickte in stumpfe braune Augen und sardonisches Gelächter: eine lange, dünne Nase und Lippen, die an den Ecken herabhingen und dann plötzlich nach oben zeigten – ein seltsames Wesen, halb Teufel, halb Lachen und ganz lustig.

„Ganz einfach, Charley, ganz einfach! Wie viel hast du gesagt? Flüstere es."

Es war Bob Winters. Bob Winters und sein Auto. Und warten. Sicherlich hätte kein Schicksalsschlag größer sein können. Er war ein Studienfreund von Huyck und dem Professor . Wenn es einen Mann gab, der den Lauf in der vorgegebenen Zeit schaffen konnte, dann war es Bob. Aber Huyck war unpersönlich. Mit der Last auf seinem Kopf dachte er an nichts anderes als an sein Ziel.

"Zehntausend!" er schrie.

Der Mann hielt seinen Kopf zurück. Huyck war viel zu ernst, um Unfug zu würdigen. Aber nicht der Mann.

Ausgerechnet Charley Huyck . Kam der junge Lochinvar aus dem Westen? Wie viel hast du gesagt? Diese Wüstenluft und der Staub belasten das Gehör. Sie muss ein junges, schönes Mädchen sein. Zehntausend."

"Zwanzigtausend. Dreißigtausend. Verdammt, Mann, du kannst den Berg haben. In das Auto."

Mit purer subjektiver Kraft zwang er den anderen in die Maschine. Erst als sie auf zwei Rädern aus dem Gelände schossen, wurde ihm klar, dass es sich bei dem Mann um Bob Winters handelte. Immer noch das Wirken des Schicksals.

Der verrückte und wilde Bob der Rennen! Sicherlich war Destiny am Werk. Die Herausforderung der Geschwindigkeit und der Prämie. Im günstigen Moment vor der Katastrophe wurden die beiden Männer zusammengeführt. Minuten wurden mit Jahrhunderten abgewogen und Stunden überwogen Jahrtausende. Die ganze Welt schlief; Es ahnte kaum , dass sein Leben mit diesen beiden Männern bis in die Mitternacht gen Norden ritt.

Bis Mitternacht! Das große Auto, der Stolz von Winters Herzen, sprang zwischen den Säulen hindurch. Gleich zu Beginn schickte er sie, verrückt wie er war, auf siebzig Meilen pro Stunde; Sie sprangen förmlich vom Hügel ins Dorf. Mit vollen 75 nahm er die Kurve; Sie rutschte aus, drehte sich halb herum und schwebte weiter.

Für einen Moment hielt Charley den Atem an. Aber die Meisterhand hielt sie; Sie stabilisierte sich, richtete sich auf und schoss hinaus in die Wüste. Über dem Surren des Motors, dem herumfliegenden Staub und dem verschwommenen Ding hinweg nahm Charley den Klang der Stimme seines Begleiters wahr. Er hatte die Worte irgendwo in der Geschichte gehört.

„Behalten Sie Ihren Platz, Mr. Greely. Behalten Sie Ihren Platz!"

Der Mond stand inzwischen weit oben über dem Berg, die ganze Wüste war in sanftes Zwielicht getaucht; in der Ferne brüteten die Berge wie eine unsichere, schlummernde Wolkenbank. Sie waren direkt nach Norden unterwegs; obwohl es in der Umgebung eine bessere Straße gab. Winters hatte den harten, felsigen Luftweg zum Berg gewählt.

Er kannte Huyck und seinen Ruf; Als Charley dreißigtausend für eine zwanzigstündige Fahrt anbot, war das kein bloßes Nebenspiel. Er war zufällig am Observatorium vorbeigekommen, um Williams auf dem Weg zur Küste zu sehen. Sie waren Klassenkameraden gewesen; ebenso er und Charley.

Als der aufgeregte Mann aus der Sternwarte ihn am Kragen packte, hatte Winters nur gelacht. Er war der Geschwindigkeitskönig. Die drei Jungen, die zur Schule gegangen waren, spielten nun mit dem Schicksal der Erde. Aber nur Huyck wusste es.

fragte sich Winters. Durch kilometerlange flüchtige Beifußbüsche, Kakteen, Sand und Trostlosigkeit überwand er das Problem. Standhaft wie ein Fels, leicht gebeugt, grimmig und so sicher wie Stahl hielt er sich nach Norden. Charley Huyck an seiner Seite, ohne Hut, ohne Mantel, seine Haare tanzen im Wind, ganz ungeduldig. Warum war es so? Sicherlich hätte ein Mann selbst im Tod noch Zeit, seinen Hut zu holen.

Für Bob Winters bedeutete das Ganze Geschwindigkeit; vielleicht war es die Einflößung des Geistes oder die Intensität seines Begleiters; aber der Nervenkitzel traf seine Eingeweide. Dreißigtausend Dollar – für so einen Einsatz – wie hoch war der Rest? Wegen seines Wagemuts wurde er „Wilder Bob" genannt; einige hatten ihn für verrückt erklärt; In dieser Nacht war sein Wahnsinn ein Zauber.

Es war wild; Im Windschatten des riesigen Roadsters ein surrender Kiesregen: Bis in die Dunkelheit, bis in die Nacht kämpfte sich das Auto über die Distanz. Der gewaltige Schwung und die Reibung der Luft kämpften in ihren Gesichtern; Huycks Gesicht war ungeschützt: Im Handumdrehen waren seine Lippen aufgesprungen, und lange bevor sie die Ebene überquert hatten, blutete sein ganzes Gesicht.

Aber er beachtete es nicht. Er wusste nur, dass sie sich bewegten; dass sie langsam, Minute für Minute, die Chancen verringerten, die eine Katastrophe zur Folge hatten. In seinem Kopf ein Labyrinth aus Figuren; der schreckliche Anblick, den er im Teleskop gesehen hatte, und die bevorstehende Sache. Warum hatte er sein Geheimnis für sich behalten?

Immer wieder klagte er sich selbst und Dr. Robold an . Es war soweit gekommen. Die ganze Welt schläft und nur er selbst kann sie retten. Oh, für ein paar Minuten, für einen kurzen Moment! Würde er es bekommen?

Endlich erreichten sie die Berge. Ein holpriger, steiniger Weg und nur wenig befahren. Glücklicherweise hatte Winters es schon einmal geschafft und wusste es. Er nahm es mit aller Geschwindigkeit, die sie ertragen konnten, aber selbst dann wurde es auf ein Minimum reduziert.

Stundenlang kämpften sie um Gefälle und Schluchten, trockene Auswaschungen und Felsbrocken. Es dämmerte schon, und der Himmel färbte sich rosa, als sie wieder auf die Ebene ritten. Hier stießen sie auf ihr erstes Problem; Und hier begann Winters vage zu begreifen, was für ein Rennen sie führen würden.

Die besondere Ebene, die sie betreten hatten, war ein Bogen der Wüste, der direkt unterhalb eines massiven, neu errichteten Damms in die Berge hineinragte. Der Vorratsbehälter war erst kürzlich gefüllt worden und alles wurde für die Einweihung vorbereitet.

Eine riesige Wasserfläche, die sich weit in die Berge hinein erstreckte – sie sollte die Wüste schon bald in einen Garten verwandeln. Unten im Tal befand sich eine Stadt, die bereits das Zentrum einer wohlhabenden Bewässerungssiedlung war. aber bald, mit der zusätzlichen Fläche, würde sich eine blühende Stadt entwickeln. Der Ellbogen, an dem sie ihn trafen, hatte einen Durchmesser von vielleicht zwanzig Meilen. Ihr Weg nach Norden würde sie direkt an die Spitze führen, wo die Ausläufer der gegenüberliegenden Bergkette in die Wüste übergingen. Ohne Umschweife beschleunigte Winters und stürzte sich über den Sand. Und dann:

Es war fast wie ein Augenzwinkern; aber dennoch etwas weitaus Beeindruckenderes. Für Winters, der auf der linken Seite des Autos und mit dem Osten auf der rechten Seite saß, war es so, als wäre die Sonne plötzlich aufgegangen und ebenso plötzlich hinter dem Horizont verschwunden – eine gewaltige Lebendigkeit funkelnder Opaleszenz: ein azurblaues, flammendes Licht Diamant, der von einer Million Feuerpunkten erschossen wurde.

Augenblicklich und wunderschön. In der blassen Morgendämmerung der Wüstenluft waren sein Wunder und seine Farbe jenseits aller Schönheit. Winters bemerkte es aus dem Augenwinkel; es geschah so augenblicklich und so illusorisch , dass er sich nicht sicher war. Instinktiv blickte er zu seinem Begleiter.

Aber auch Charley hatte es gesehen. Seine Haltung des Wartens und Hoffens verwandelte sich in lebhaftes Handeln. Er wusste genau, was es war. Mit einer Hand umklammerte er Winters und schrie laut.

„Weiter, weiter, Bob! Weiter, wie Sie Ihr Leben wertschätzen. Setzen Sie Ihr ganzes Tempo ein, das Sie haben.“

Im selben Moment, im selben Atemzug ertönte ein Brüllen, das nicht vergessen werden sollte; Knirschend, rollend, schrecklich – wie der Berg, der sich bewegt.

Bob wusste es. Es war der Damm. Etwas hatte es kaputt gemacht. Im Osten fällt die große Wasserwand aus den Bergen! Ein wunderschöner Anblick und schrecklich; eine unerbittliche gläserne Walze, die entlang ihrer Basis von einer Spitze aus Rennschaum gesäumt ist. Der obere Teil war so glatt wie Kristall; das angestaute Wasser des Berges bewegt sich kompakt ab. Der Mann dachte an die kleine Stadt unten und ihre Gefahr. Aber Huyck dachte auch. Er schrie Winter ins Ohr:

„Kümmere dich nicht um die Stadt. Bleiben Sie geradeaus nach Norden. Da drüben bis zur Wasserstelle. Die Stadt wird ertrinken müssen.“

Es war unerbittlich; es gab kein Mitleid; Die Stärke und der Zweck des Befehls drängten in das Verständnis des anderen. Jetzt wurde ihm unklar, dass sie sich tatsächlich in einem Wettlauf gegen die Zeit befanden. Winters war ein Draufgänger; Schon die Katastrophe erfüllte ihn mit einem Schauer des Jubels. Es war der Höhepunkt, der große Moment seines Lebens, mit hundert Meilen pro Stunde unter dieser Wasserwand zu fahren.

Das Gebrüll war schrecklich. Noch bevor sie die Hälfte erreicht hatten, kam es den beiden Männern so vor, als würde das Geräusch sie übertönen. Es gab nichts auf der Welt außer Pandämonie. Der seltsame Blitz wurde im

Schrecken der lebenden Wand, die sich ausstreckte, um sie zu verschlingen, vergessen. Wie Insekten sausten sie im offenen Gesicht der Sintflut umher. Als sie die Spitze erreicht hatten, waren sie so nah, dass der vorlaufende Rand der Brandung ihre Räder berührte.

Um den Punkt herum, mit der weiten, offenen Ebene vor ihnen. Mit der Flut im Rücken konnten sie ihr nicht mehr entkommen. Die Gewässer mit einer breiteren Ausdehnung breiten sich aus. In wenigen Augenblicken hatten sie alles hinter sich gelassen.

Aber Winters fragte sich; Was war der seltsame Blitz vergänglicher Schönheit? Er kannte diesen Damm und seinen Bau; um die Jahrhunderte zu überdauern. Es war in einer Sekunde verflogen. Es war kein Blitz. Er hatte außer dem Rauschen des Wassers kein Geräusch gehört. Er blickte zu seinem Begleiter.

Hucyk nickte.

„Das ist es, was wir fahren. Wir haben nur ein paar Stunden. Können wir es schaffen?“

Bob hatte geglaubt, dass er die größtmögliche Geschwindigkeit aus seinem Motor herausholen würde. Was sich von diesem Moment an ergab, war eine Offenbarung.

Es ist nicht sicher und kaum möglich, mit so hoher Geschwindigkeit durch die Wüste zu fahren. Nur das beste Auto und eine feste Fahrbahn halten dem stand. Eine plötzliche Spurrille, ein Eichhörnchenloch oder eine Sandtasche sind so gut wie Zerstörung. Sie eilten bis Mittag weiter.

Nicht einmal Winters konnte dem trotz all seiner Wachsamkeit entgehen. Vielleicht war er müde. Die anstrengenden Stunden und die rasante Geschwindigkeit hatten ihn bis zur Erschöpfung erschöpft. Sie hatten aufgehört, sich zu individualisieren, ihr Weg war verschwommen, ein Albtraum aus Geschwindigkeit und Entfernung.

Es kam plötzlich, eine blinde Barranca – einer dieser versunkenen, nutzlosen Kanäle, die für den Unvorsichtigen den Tod bedeuten. Keine Warnung.

So schnell war es vorbei. Ein bloßer Bewusstseinsblitz plus das Gefühl des Fliegens. Zwei Männer zerbrachen im Sand und der große, schöne Roadster war eine verfallene Ruine.

KAPITEL VII
Ein zerrissener Kontinent

Aber zurück zur Welt. Niemand wusste etwas über Charley Huyck oder darüber, was in der Wüste geschah. Selbst wenn wir es getan hätten, wäre es unmöglich gewesen, einen Zusammenhang herzustellen.

Nach der Nachricht aus Oakland und der Zerstörung des Mt. Heckla waren wir viel zu entsetzt. Das Ganze war für uns unerreichbar. Nicht einmal die Wissenschaftler mit all ihren Daten konnten etwas finden, woran sie arbeiten könnten. Die Drähte der Welt summten vor Staunen und Panik. Wir waren zivilisiert. Es ist wirklich seltsam, wie schnell wir trotz unserer gerühmten Kräfte zum Primitiven zurückfallen.

Der Aberglaube kann nicht sterben. Wo keine Erklärung war, muss ein Wunder sein. Die Sache hatte sich wiederholt. Wann würde es wieder zuschlagen? Und wo?

Es dauerte nicht lange. Aber dieses Mal war der Schlaganfall von weitaus größerer Tragweite und weitaus größerem Schrecken. Die schiere Macht des Dings erschütterte die Erde. Kein Mann und keine Regierung, die angesichts einer solchen Zerstörung nicht zurücktreten würde.

Es war allmächtig. Ein ganzer Kontinent war zerrissen. Es wäre unmöglich, eine Beschreibung einer solchen Katastrophe zu geben; Keine Feder kann es mehr erzählen, als sie die Schöpfung beschreiben könnte. Wir können seinem Weg nur folgen.

Am Morgen nach der ersten Katastrophe, um acht Uhr, südlich der kleinen Stadt Santa Cruz, am Nordufer der Bucht von Monterey, das gleiche Licht und die gleiche, wenn auch nicht ganz gleiche Augenblicklichkeit. Diejenigen, die es sahen, berichten von einem riesigen Ball aus azurblauem und schillerndem Feuer und Bewegung; ein seltsames Gefühl vitalisierter Schwingung; der personifizierten Lebenskraft. In der Form wie eine Murmel, so rund wie ein Vollmond in seiner Pracht, aber von unendlich größerer Schönheit.

Es kam aus dem Nichts; weder von oben noch von unten über der Erde. Es schien aus dem Nichts zu springen und glitt nach Osten, oder vielmehr verschwand es. Immer noch der Effekt des Zwinkerns, wenn auch dieses Mal, vielleicht aus der Ferne, lebhafter. Ein Punkt oder Marmor, wie ein Vollmond, brennend, opal, der sich nach Osten erhebt.

Und augenblicklich. Verschwunden, sobald es gekommen war; geräuschlos und von geisterhafter Schönheit; wie ein Finger des

Allmächtigen, der über die Welt zieht, und genauso schrecklich. Der menschliche Geist hatte sich noch nie etwas so Großes ausgedacht.

Von den Sandstränden des Ozeans an war das ganze Land verschwunden; ein Abgrund von zwölf Meilen Breite und unbekannter Tiefe, der sich geradewegs nach Osten erstreckte, wo einst Bauernhöfe und Häuser gestanden hatten, war nichts mehr; Die Berge waren verbrannt wie Butter. Gerade wie ein Pfeil.

Dann das Brüllen der Sintflut. Das Wasser des Pazifiks bricht durch seinen Sand und rollt in den Golf von Mexiko. Dass keine Hitze vorhanden war, zeigte sich daran, dass kein Dampf vorhanden war. Das Ding konnte nicht intern sein. Doch was war es?

Man kann es sich nur in Zahlen vorstellen. Von der Küste von Santa Cruz bis zum Atlantik – ein paar Sekunden; dann hinaus in den östlichen Ozean direkt hinaus ins Sargassomeer. Ein großer Golf, der quer durch Nordamerika verläuft.

Der Weg schien der Sonne zu folgen; es verlief nach Osten mit einer leichten Abweichung nach Süden. Die Berge schnitt es wie Käse. Direkt nördlich von Fresno vorbei raste es durch die gigantischen Sierras auf halber Strecke zwischen Yosemite und Mt. Whitney, durch die große Wüste bis nach Südnevada, von dort durch Nordarizona, New Mexico, Texas, Arkansas, Mississippi, Alabama und Georgia und gelangte in den Atlantik an einem Punkt auf halber Strecke zwischen Brunswick und Jacksonville. Ein großer Kanal mit einer Breite von zwölf Meilen, der die Ozeane verbindet. Ein katastrophaler Segen. Heute, da Tausende von Schiffen Fracht über das Wasser befördern, können wir diesen Teil der Katastrophe segnen.

Aber es kam noch mehr. Bisher war das Wunder sporadisch aufgetreten . Was auch immer seine Stärke gewesen war, es war nur punktuell und gelegentlich tödlich gewesen. In gewisser Weise war es lokal gewesen. Die tödliche atmosphärische Kombination seiner Folgen war während der Rezession unveränderlich. Es gab kein Leid. Der Tod, den es verursachte, war der Tod der Auslöschung. Aber jetzt betrat es eine andere Bühne.

Die Welt ist ein riesiger Ball und trotz ihrer Größe immer noch ein sehr kleiner Ort zum Leben. Es gibt vielleicht nur wenige von uns, die sie als Lebewesen betrachten oder auch nur daran denken. Und doch ist es genau das. Es hat seine Strömungen, sein Leben, seinen Puls und seine Fieber; es ist koordiniert; Eine Million Dinge wie die großen Strömungen des Ozeans und die Wirbel der Atmosphäre machen es zu einem Ort zum Leben. Und wir sind nur oder größtenteils während einer Katastrophe bei Bewusstsein.

Es ist etwas Seltsames passiert.

Der große Opal war wie ein Feuerberg über den Kontinent gefegt. Von Anfang an und mit jeder Folge wurde die Sache vergrößert. Aber erst als es die Gewässer des Atlantiks erreichte, wurden wir uns seiner vollen Kraft und seiner tödlichen Folgen bewusst.

Die Erde bebte vor dem Schock, und der Mensch stand vor Angst auf den Zehenspitzen. Innerhalb von vierundzwanzig Stunden zerfiel unsere Zivilisation buchstäblich. Wir waren mächtig mit den Kräften, die wir verstanden; aber gegen das, was buchstäblich dem Unbekannten entrissen worden war, waren wir unbedeutend. Die ganze Welt war eingefroren. Lass uns sehen.

Ab in den Atlantik! Der Übergang. Bisher Stille. Aber jetzt das Brüllen von zehn Milliarden Niagaras , die Wasser des Ozeans rollten, katapultierten und rauschten in den Golf, der in seiner Brust versengt war. Der Golfstrom schnitt in zwei Teile, die Strömungen, die unsere Zivilisation temperierten, trennten sich in einer Sekunde. Direkt in die Sargassosee. Der große Opal, flüssiges Feuer, leuchtend, eine Kugel wie die untergehende Sonne, lag schwebend auf dem Ozean. Es war das Ende der Welt!

Was war das für ein Ding? Die ganze Welt wusste in einer Sekunde davon. Und niemand konnte es sagen. In weniger als vierzig Stunden nach seinem ersten Auftauchen in Oakland hatte es einen Berg verschlungen, einen Kontinent zerrissen und einen Ozean verschlungen. Das verworrene Meer des Sargasso, das seit Ewigkeiten totenstill war, glich einem Katarakt; ein wirbelnder Strom tosenden Wassers strömte auf den Opal zu – und verschwand.

Es war höllisch und aus Wahnsinn; ebenso schön wie unheimlich. Der Opal, hoch wie der Himalaya, der über dem Wasser brütet; Seine unzähligen Farben vermischen sich und funkeln in einem Trugbild des Schillerns. Die Schönheit seines Lichts konnte tausend Meilen weit gesehen werden. Ein Ding ohne Geheimnis und ohne Kräfte. Wir hatten viele Dinge entdeckt und wussten viel; Aber so etwas hatte ich nicht gedacht. Es war vampirisch und saugte buchstäblich die Erde auf.

Die Konsequenzen waren unmittelbar. Der Kontaktpunkt hatte einen Durchmesser von fünfzig Meilen, die Gewässer des Atlantiks drehten sich einmütig zum Magneten. Der Golfstrom wich direkt von seinem Kurs ab und überquerte den Atlantik. Die eisigen Strömungen der von der wärmeren Barriere befreiten Pole sanken entlang der Küsten und von dort in die Sargassosee. Die Temperatur der gemäßigten Zone sank unter die Grenze eines Schneesturms.

Das erste Wort kam aus London. Einfrieren! Und im Juli! Die Früchte und die gesamte Ernte Nordeuropas wurden vernichtet. Die Olympischen

Spiele in Kopenhagen wurden wegen dreißig Zentimeter Schnee verschoben. Der Fluss Seine ist zugefroren. In New York fällt Schnee. Die Ernten wurden bis zum Kap Hatteras im Süden vom Frost erstickt.

Eine Flotte von Flugzeugen wurde aus den Vereinigten Staaten und eine weitere von der Westküste Afrikas entsandt . Nicht die Hälfte von ihnen kehrte zurück. Diejenigen, die es taten, berichteten von noch mehr Katastrophen. Die eingereichten Berichte waren erschreckend. Sie waren geradeaus weitergesegelt. Es war, als würde man in die Sonne fliegen; Die Lebhaftigkeit der Opaleszenz war blendend, sie erhob sich kilometerweit über sie, verführerisch, anziehend und unheilig, und von einer Schönheit, die Schrecken auslöste.

Nur der Verspätete war entkommen. Es zog sogar ihre Motoren an, es war, als würde die Schwerkraft plötzlich belebt und bewusst. Tausende Maschinen sprangen in die Opaleszenz. Von denen, die vor uns hoffnungslos angezogen und machtlos waren, kam die Warnung zurück. Aber Hunderte konnten nicht entkommen.

„Zurück“, kam der Funk. „Kommen Sie nicht zu nahe. Das Ding ist ein Magnet. Kehren Sie um, bevor es zu spät ist. Gegen diesen Mann ist das unbedeutend.“

Dann verschwanden sie wie Mücken, die ins Feuer fliegen, im Opaleszenzlicht.

Die anderen kehrten um. Die ganze Welt zitterte vor Entsetzen. Ein großer Vampir brütete über der Erde. Die Größe, die der Mensch erreicht hatte, war nichts. Die Zivilisation geriet innerhalb eines Tages ins Wanken. Wir waren hoffnungslos.

Dann kam die letzte Offenbarung; die Wahrheit und Wahrhaftigkeit der Katastrophe und des drohenden Höhepunkts. Der Wasserstand an der gesamten Küste war gesunken. Riesige Ebbewellen waren ausgegangen und kehrten nicht wieder zurück. Sandstrände, auf denen früher die Brandung geherrscht hatte, erstreckten sich weit ins Meer hinaus. Dann die Wahrheit! Das Ding, was auch immer es war, saugte den Ozean auf.

KAPITEL VIII
Der Mann, der die Erde gerettet hat

Es war tragisch; düster, schrecklich, kosmisch. Aus dem Nichts war dieses Ding aufgetaucht, das die Erde auffraß. Nichts von all unserer Wissenschaft hatte uns gewarnt; Kein Wort von all unseren Weisen. Wir, die wir unsere Zivilisation Stück für Stück aufgebaut hatten, waren schließlich nur Insekten.

Wir gingen in einem Labyrinth der Schönheit hinaus in die Unendlichkeit, aus der wir kamen. Stunde für Stunde wuchs die große Kugel aus Opaleszenz in ihrer Pracht; die Wirkung und Schönheit seiner Verlockung breitete sich über die ganze Erde aus; mitreißend, lebendig wie unterdrückte Musik. Die alte Erde hilflos. War es möglich, dass sie nicht eine einzige Intelligenz aus ihrem Busen herausholen konnte, um sie zu retten? Gab es nicht ein Gesetz – keine Antwort?

Draußen in der Wüste, mit dem Gesicht zur Sonne, lag die Antwort. Auch wenn es fast hoffnungslos war, blieb noch etwas Zeit und genug, um uns zu retten. Ein hinkendes Schicksal in Form von zwei Indianern und einem im letzten Moment ramponierten Flitzer.

Die beiden roten Männer wussten nicht, welchen Wert die beiden Männer hatten, die an diesem Tag in der Wüste gefunden wurden. Für sie erzählten die Trümmer des mächtigen Autos und die liegenden Körper genug von der Geschichte. Sie waren Samariter; aber es gibt viele Zeitalter, die sie segnen können.

So gingen viele Stunden verloren. Ohne diesen Verlust wären Tausende verschont geblieben und hätten eine nahezu unermessliche Menge an Katastrophen verursacht. Aber wir müssen trotzdem dankbar sein. Charley Huyck lebte noch.

Er war fassungslos gewesen; angeschlagen, verletzt und bewusstlos; aber er war nicht lebensgefährlich verletzt worden. Es war noch genug von ihm übrig, um sich zum alten Flitzer zu schleppen und nach Winters zu rufen. Sein Begleiter war zufällig noch besser in Form als er selbst und wartete. Wir wissen nicht, wie sie den roten Männern ihr Relikt ausredeten – sei es durch Überreden, durch Drohungen oder durch Gewalt.

Geradeaus nach Norden. Zwei Männer, zerschlagen, abgenutzt, verletzt, aber standhaft, trugen in diesem hinkenden alten Automobil das Schicksal der Erde. Das Schicksal war immer noch am Werk, aber schwer verkrüppelt.

Sie hatten viele wertvolle Stunden verloren. Winters hatte seinen Anspruch auf die dreißigtausend verwirkt. Es war ihm egal. Er verstand vage, dass es vor allem um Geld ging. Huyck sagte nichts; Er war zu verstümmelt und hatte zu wenig Willenskraft, um ans Sprechen zu denken. Was in den vielen Stunden ihrer Bewusstlosigkeit passiert war, war ihnen unbekannt. Erst als sie den Abgrund erreichten, der quer durch den Kontinent gespalten war, dämmerte ihnen die schreckliche Wahrheit.

Für Winters war es schrecklich. Der bloße Anblick dieses schwarzen Abgrunds war entsetzlich. Es war bodenlos; so tief, dass seine Tiefen trüb waren; Der neblige Dunst seiner unsicheren Schatten grenzte an Chaos. Er verstand vage, dass es mit dem schrecklichen Ding zusammenhing, das sie am Morgen gesehen hatten. Es war nicht die Macht des Menschen. Irgendeine Kraft hatte sich gelöst, die die Erde bis ins Innerste zerriss. Durch den Schrecken des Abgrunds hindurch konnte er die undeutlichen Umrisse der gegenüberliegenden Wand erkennen. Ganze zwölf Meilen im Durchmesser.

Für einen Moment überwältigte der Anblick sogar Huyck selbst. Er wusste es genau; Aber da er wusste, dass das Wunder in vollem Umfang geschehen war, war es noch mehr, als er erwartet hatte. Seine langen Jahre unter Robold und seine wissenschaftliche Vorstellungskraft hatten ihm Verständnis vermittelt. Kein mickriger Dampf, keine seltsame Elektrizität, sondern Kraft, Kinetik – aus dem Universum.

Er wusste. Aber obwohl er es wusste, wurde er von dem Grauen überwältigt. So etwas ist auf der Erde losgegangen! Er hatte viele Stunden verloren; ihm blieben nur noch ein paar Stunden. Der Gedanke gab ihm plötzlich Energie. Er packte Winters am Arm.

„In die erste Stadt, Bob. Zur ersten Stadt – einem Flugplatz .

In diesem Motor steckte all seine Jahrzehnte lang Geschwindigkeit. Winters drehte um und schoss in einem seitlichen Kurs parallel zum großen Abgrund hinaus. Doch trotz seiner Schnelligkeit konnte er seine Frage nicht zurückhalten.

„Im Namen des Himmels, Charley, was hat es getan? Was ist es?"

Kam die Antwort; und es trieb die Lust aller Geschwindigkeit durch Winters:

„Bob", sagte Charley, „es ist das Ende der Welt – wenn wir es nicht schaffen. Aber es bleiben noch ein paar Stunden. Wir müssen ein Flugzeug haben. Ich muss den Berg schaffen."

Für Wild Bob reichte es. Er ließ sich nieder. Es war nur ein alter Flitzer; aber er konnte Geschwindigkeit aus einer Schubkarre herausholen. So ein Rennen war er noch nie gefahren. Nur einmal hat er gesprochen. Die Worte waren charakteristisch.

„Ein Weltrekord, Charley. Und wir werden gewinnen. Schauen Sie uns einfach zu."

Und das taten sie.

Bei der Umstellung ging keine Zeit verloren. Die bloße Tatsache von Huycks Namen, seinem Aussehen und der Art und Weise seiner Ankunft genügte. In den letzten Stunden gingen an jedem Posten in den Rocky Mountains Nachrichten für Charley Huyck ein . Nach dem Scheitern aller anderen hatten viele Tausende an ihn gedacht.

Sogar die Regierung, die zuvor keine Wertschätzung gezeigt hatte, war zu einem verspäteten und fast hektischen Eifer erwacht. Es wurde befohlen, dass ihm alles, egal was passierte, zur Verfügung stehen sollte. Er galt als Visionär; Aber angesichts dessen, was geschehen war, waren Visionen für die Menschheit nun das Praktischste. Außerdem hatte Professor Williams der Welt das seltsame Zeichen von Huycks Notiz mitgeteilt . Seit Jahren gab es auf diesem Berg ein Geheimnis. Könnte es sein?

Leider können wir ihm nicht die Beschreibung geben, die wir geben möchten. Außer den regulären Angestellten waren nur wenige Männer jemals auf dem Berg Robold . Von Anfang an waren Fremde und Besucher, vielleicht aufgrund der großen Kräfte, die zur Verfügung standen, und der Gefahr der Unachtsamkeit ausgeschlossen. Dann auch die Geheimhaltung von Dr. Robold – und der Respekt seines Nachfolgers. Wir wissen aber, dass das Brennglas in den Berg hineingewachsen war.

Bob Winters und der Flieger sind die einzigen, die es uns sagen; Alle Mitarbeiter entschieden sich, zu bleiben. Die darauffolgende Katastrophe zerstörte das Werk von Huyck und Robold – aber erst, nachdem es der größten Tat gedient hatte, die jemals einem Menschen in den Sinn gekommen war. Und wenn Huyck nicht darauf bestanden hätte, hätten wir nicht einmal den Bericht, den wir geben.

Er war es, der darauf bestand, ja sogar darum bettelte, dass seine Gefährten zurückkehren, solange noch eine Chance dazu bestand. Er wusste es genau. Aus dem Universum, aus dem Weltraum hatte er die Kräfte herausgelockt, die die Erde verbrennen würden. Der große Ball aus leuchtendem Opaleszenz und der immer kleiner werdende Ozean!

Es gab nur eine Antwort. Dank der fantasievollen Genialität von Robold und Huyck hatte sich das Schicksal bis zum heutigen Tag durchgesetzt. Der Junge und das Brennglas waren zu Archimedes herangewachsen.

Was ist passiert?

Das Flugzeug näherte sich dem Berg Robold . Der große kahle Gipfel und die vier riesigen Kristallkugeln. Zumindest gehen wir davon aus. Wir haben Winters Aussage und die des Fliegers, dass sie wie Glas aussahen. Vielleicht waren sie es nicht; aber wir können es zur Beschreibung annehmen. So riesig, dass sie, wenn sie auf einer Ebene gelegen wären, das höchste jemals errichtete Gebäude überragt hätten; Allerdings waren sie auf der Höhe des Berges und in seinem Kontrast nicht viel mehr als Golfbälle.

Es war nicht ihre Größe, sondern ihre Wirkung, die verblüffte. Sie lebten. Zumindest haben wir das von Winters. Lebendig, leuchtend, brennend, sich im Inneren windend mit tausend verschmelzenden, schillernden, wunderschönen Farben. Nicht wie Elektrizität, sondern etwas unendlich Stärkeres. Große geheimnisvolle Magnete, die Huyck aus dem Chaos gestürmt hatte. Leuchtend im sanftesten Licht; Der ganze Berg erleuchtete sich wie in einem Traum, und die Stadt Robold an seinem Fuß erstrahlte in einer Schönheit, die man nicht mehr sehen konnte.

Es war neu für Winters. Die tollen Gebäude und die riesigen Maschinen. Motoren mit seltsamsten Mustern, angetrieben von Kräften, an die der Rest der Welt nicht gedacht hatte. Kein Ton; Das Ganze wirkt wie eine komplizierte Masse, die sich über hundert Hektar erstreckt und von einer Stille getrieben wird, die magisch ist. Kein Surren und keine Reibung. Wie ein lebender zusammengesetzter Körper, der die seltsame und mysteriöse Kraft pulsiert und atmet, die aus Huycks Theorie der Kinetik entwickelt wurde . Die vier großen Stahlrohre verlaufen von den Kugeln den Berghang hinunter . In der Mitte, auf halbem Weg zwischen den Kugeln, hing eine massive Stahlnadel an einem Drehpunkt und zeigte direkt auf die Sonne.

Winters und der Flieger bemerkten es und wunderten sich. Aus dem unteren Ende der Nadel ergoss sich ein leuchtender Strahl blassblauer Opaleszenz, ein Strom, der einer Flüssigkeit ähnelte und von unheiligem Glanz war. Aber es war weder eine Flüssigkeit, noch Feuer, noch irgendetwas, was der Mensch zuvor gesehen hatte.

Es war Gewalt. Wir haben keine bessere Beschreibung als den treffenden Ausdruck von Winters. Charley Huyck melkte die Sonne, als sie vom Ende der vier lebenden Ströme zu den vier Kugeln fiel, die sie speicherten. Die vier großen, wunderbaren lebenden Globen; die vier Batterien; Der bloße Anblick ihrer gefangenen Schönheit und Kraft war magnetisch.

Das Genie von Huyck und Robold ! Niemand außer den wildesten Träumern hätte es sich ausgedacht. Das Leben der Sonne. Und gefangen für den Menschen; nach seinem Willen und Willen. Und in den nächsten Minuten würden wir alles verlieren! Aber indem wir es verloren, sollten wir uns selbst retten. Es war Schicksal und nichts anderes.

Es gab nur noch eine Sache auf dem Berg – das Observatorium und eine weitere Nadel, die offenbar stillstand; aber mit einer Spitze, die einer riesigen Phonographennadel ähnelt. Es ragte direkt aus dem Observatorium heraus und vermittelte für Winters den Eindruck einer seltsamen Waffe oder eines Zielgeräts.

Das war alles. Angesichts der Geschwindigkeit, mit der sie flogen, hatten die Flieger keine Zeit für weitere Untersuchungen. Aber auch das ist umfassend. Abzüglich der Kraft. Wenn wir nur mehr darüber oder auch nur über seine Theorie wüssten , könnten wir vielleicht die Arbeit von Charley Huyck und Dr. Robold rekonstruieren .

Sie schafften die Landung. Winters würde mit seiner Natur im Ziel am Ende sein; aber Charley wollte es nicht.

„Es ist der Tod, Bob", sagte er. „Du hast eine Frau und Kinder. Geh zurück in die Welt. Gehen Sie mit der ganzen Geschwindigkeit zurück, die Sie aus Ihren Motoren herausholen können. Entferne dich so weit wie möglich, bevor das Ende kommt."

Damit verabschiedete er sich traurig von ihnen. Es war das letzte gesprochene Wort, das die Außenwelt von Charley Huyck hatte .

Das letzte Mal, dass man ihn sah, rannte er die Stufen seines Büros hinauf. Als sie davonflogen und zurückblickten, konnten sie Männer, die Angestellten, sehen, die in hektischer Eile zu ihren jeweiligen Posten und Stationen huschten. Worum ging es? Die beiden Flieger wussten nichts davon. Sie hätten sich nicht träumen lassen, dass es der entscheidende Schlag war.

KAPITEL IX
DER SCHRECKLICHSTE MOMENT DER GESCHICHTE

Immer noch brütet der große Opaleszenzball über dem Sargasso. Europa war jetzt zugefroren, und obwohl es Hochsommer war, waren sie in die Winterquartiere eingezogen. Die Straße von Dover gab es nicht mehr. Das Wasser war zurückgegangen und man konnte, wenn man vorsichtig war, trocken mit Schuhen von den Küsten Frankreichs zu den Kreidefelsen Englands laufen. Die Straße von Gibraltar war ausgetrocknet. Das Mittelmeer war vollständig vom Land umschlossen und für immer von den Gezeiten des Mutterozeans abgeschnitten.

Die ganze Welt wird trocken; nicht in der Ethik, sondern in der Realität. Der große Vampir, strahlend, schön jenseits aller Vorstellungskraft und aller Vorstellungen, der unser Lebenselixier verschlingt. Der Atlantik ein riesiger Strudel.

Eine seltsame Raserei war über die Menschheit hereingebrochen: Männer kämpften auf der Straße und starben im Wahnsinn. Es war Angst vor dem Großen Unbekannten und Hysterie. In einem solchen Moment wurde der Schleier der Zivilisation in Fetzen gerissen. Der Mensch kehrte ins Urzeitliche zurück.

Dann kam die Nachricht von Charley Huyck ; blinkt und wiederholt sich in jedem Klima und jeder Nation. In seiner Gewissheit war es fast so wundersam wie der Vampir selbst. Denn der Mensch hatte kapituliert.

An die Menschen der Welt:

Die seltsame und schreckliche Opaleszenz, die seit siebzig Stunden Chaos in der Welt anrichtet, ist weder ein Wunder noch etwas Übernatürliches, sondern eine bloße Manifestation und ein Ergebnis der Anwendung der himmlischen Kinetik. So etwas war immer möglich und wird immer dort möglich sein, wo Intelligenz vorhanden ist, um die Kräfte, die um uns herum liegen, zu kontrollieren und zu nutzen. Raum ist nicht genau Raum, sondern eine unendliche Zisterne unbekannter Gesetze und Kräfte. Wir kontrollieren vielleicht bestimmte Gesetze auf der Erde, aber bis wir weiter vordringen, sind wir nur Spielzeuge.

Der Mensch ist die Intelligenz der Erde. Es wird die Zeit kommen, in der er auch die Intelligenz eines großen Raumes sein muss. Im Moment haben Sie lediglich Glück und sind Opfer eines gütigen Schicksals. Dass ich das Instrument zur Erlösung der Erde bin, ist reiner Zufall. Der wahre Mann ist Dr. Robold . Als er mich auf der Straße abholte, hatte ich keine Ahnung, dass die Zeit bis zu diesem Moment ablaufen würde. Er nahm mich in seine Arbeit auf und lehrte mich.

Weil er sensibel war und ausgelacht wurde, arbeiteten wir im Geheimen. Und seit seinem Tod und aus Respekt vor seinem Andenken habe ich auf die gleiche Weise weitergemacht. Aber ich habe alles aufgeschrieben, alle Gesetze, Berechnungen, Formeln – alles; und ich schenke es nun der Menschheit.

Robold hatte eine Theorie zur Kinetik. Zuerst war es seltsam und ein Grund zum Lachen; aber er reduzierte es auf Gesetze, die so mächtig und unerbittlich waren wie die Gesetze der Schwerkraft.

Die leuchtende Opaleszenz, die uns fast zerstört hat, ist nur eine ihrer unbedeutenden Erscheinungen. Es ist eine Botschaft finsterer Intelligenz; Denn hinter allem steckt eine Intelligenz. Doch es ist nicht alles unheimlich. Es ist Selbsterhaltung. Die Zeit wird kommen, in der unser eigener Mensch in Äonen von Zeitaltern gezwungen sein wird, eine solche Waffe zu seinem eigenen Schutz einzusetzen. Entweder das, oder wir werden vor Durst und Qual sterben.

Ich bitte Sie, sich jetzt daran zu erinnern, dass Sie, was auch immer Sie erlitten haben, eine Welt gerettet haben. Ich werde dich und die Erde jetzt retten.

In den Tresoren finden Sie alles. Das gesamte Wissen und die Entdeckungen des großen Dr. Robold , plus ein paar kleinere Erkenntnisse von mir.

Und jetzt verabschiede ich mich von dir. Du wirst bald frei sein. CHARLEY HUYCK .

Eine seltsame Nachricht. Über Funk gesprochen und in alle Himmelsrichtungen verbreitet, weckte und belebte es die Hoffnung der Menschheit. Wer war dieser Charley Huyck ? Unzählige Millionen Männer hatten seinen Namen noch nie gehört; Es gab nur wenige, sehr wenige, die es getan hatten.

Eine Nachricht aus dem Nichts und mit sehr zweifelhafter und zweifelhafter Erklärung. Himmlische Kinetik! Zweifellos. Aber die Worte erklärten nichts. Der Mensch war jedoch bereit, alles zu akzeptieren, solange es ihn rettete.

Für eine klarere Erklärung müssen wir zum Arizona-Observatorium und zu Professor Ed zurückkehren. Williams. Und es war wirklich seltsam; ein gewisser Beweis dafür, dass das Bewusstsein weitaus mächtiger ist als bloßes Material; auch , dass viele Gesetze unserer Astronomen trotz ihrer Mathematik sehr leicht aufgehoben werden können.

Charley Huyck hatte recht. Intelligenz kann man nicht mit einem Maßstab messen. Mathematik lügt nicht; aber wenn sie auf das Bewusstsein angewendet werden, ist es sehr wahrscheinlich, dass sie zurückschlagen. Genau das war passiert.

Die Plötzlichkeit von Huycks Weggang hatte Professor Williams verwirrt; das und die Notiz, die er auf dem Tisch fand. Es sah Charley nicht ähnlich, im Stress eines Augenblicks so durchzudrehen. Er hatte sich nicht einmal die Zeit genommen, Hut und Mantel zu holen. Sicherlich stimmte etwas nicht.

Er las die Notiz sorgfältig und mit großer Verwunderung.

„Schauen Sie sich diese an. Halten Sie sich an die Linse. Wenn die Welt aufsteigt, wirst du wissen, dass ich den Berg noch nicht erreicht habe."

Was hat er gemeint? Außerdem gab es keine Daten, die er hätte bearbeiten können. Er wusste nicht, dass eine flüchtige Brise die Informationen hinter dem Bücherregal aufgewirbelt hatte. Trotzdem ging er in die Sternwarte und blieb für den Rest der Nacht an der Linse hängen.

Mittlerweile gibt es unzählige Millionen Sterne am Himmel. Williams hatte nichts, worauf man sich verlassen konnte. Eine Nadel im Heuhaufen war eine leichte Aufgabe im Vergleich zu der, die ihm zugeteilt wurde. Das brennende Geheimnis, was auch immer Huyck gesehen hatte, war dem Professor nicht aufgefallen. Dennoch fragte er sich. „Wenn die Welt aufsteigt, wirst du wissen, dass ich den Berg noch nicht erreicht habe." Was war die Bedeutung?

Aber er machte sich keine Sorgen. Der Professor liebte Huyck als Visionär und lächelte nicht wenig über seine entzückenden Fantasien. Zweifellos war dies einer von ihnen. Erst als die Nachricht aus Oakland eintraf, begann er, die Sache ernst zu nehmen. Dann folgte das Verschwinden des Mount Heckla . „Wenn die Welt aufgeht" – es schien, als ob die Worte eine Bedeutung hätten.

In den nächsten Tagen gab es einen hektischen Professor. Wenn er nicht vor der Linse war , sendete er Botschaften für Charley Huyck an die Welt .

Er wusste nicht, dass Huyck bewusstlos und fast tot in der Wüste lag. Er wusste genau, dass die Welt in eine Katastrophe geraten würde; aber wo war der Mann, der es retten konnte? Und vor allem: Was hatte sein Freund mit den Worten „Schau dir das nach" gemeint?

Sicherlich muss es noch weitere Informationen geben. Viele, viele Stunden lang blieb er bei der Linse und wartete. Und er hat nichts gefunden.

Es waren drei Tage. Wer wird sie jemals vergessen? Sicherlich nicht Professor Williams. Er schwitzte Blut. Die ganze Welt brach zusammen, ohne dass es eine Erklärung dafür gäbe. Die ganze Mathematik, alle Anhäufungen der Jahrhunderte hatten umsonst genutzt. Charley Huyck hütete das Geheimnis. Es war in den Sternen und kein Astronom konnte es finden.

Doch mit der siebzehnten Stunde kam das Schicksal. Der Professor ging durch das Büro. Die Tür stand offen, und derselbe launische Wind, der den ursprünglichen Streich gespielt hatte, leistete nun ebenso launisch Wiedergutmachung. Williams bemerkte ein Stück Papier, das aus der Rückseite des Bücherregals herausragte und im Wind flatterte. Er hat es aufgehoben. Die ersten Worte, die er sah, waren in der Handschrift von Charley Huyck . Er las:

„Im letzten Extrem – in der letzten Phase, wenn es kein Wasser mehr auf der Erde gibt; Wenn sogar der Sauerstoffgehalt der atmosphärischen Hülle auf ein Minimum reduziert ist, muss der Mensch, oder welche Form von Intelligenz es auch immer auf der Erde gibt, zu den Gesetzen zurückkehren, die seine Vorfahren beherrschten. Notwendigkeit muss immer das Gesetz der Evolution sein. Auf der Erde wird es kein Wasser geben, aber anderswo wird es unbegrenzte Mengen geben.

„Zu diesem Zeitpunkt wird beispielsweise der große Planet Jupiter gerade in einem für die Ausbeutung geeigneten Zustand sein. Es ist jetzt gasförmig und wird zu diesem Zeitpunkt ungefähr in dem Stadium sein, in dem Dampf und Wasser im Ozean kondensieren. Äonen von Millionen Jahren entfernt, in den Tagen der größten Not. Zu diesem Zeitpunkt werden die Intelligenz und das Bewusstsein der Erde dieser Aufgabe gewachsen sein.

„Gerade im Moment ist es (vielleicht) eine Sache, über die man lachen muss. Aber wenn wir das Verhältnis des menschlichen Fortschritts in den letzten hundert Jahren betrachten, wie hoch wird dieser in einer Milliarde sein? Es wurden keineswegs alle Gesetze des Universums entdeckt. Derzeit wissen wir nichts. Wer kann es sagen?

„Ja, wer kann das sagen? Vielleicht haben wir selbst das Schicksal auf Lager, das wir einem anderen zuteilen würden. Wir haben einen sehr gefährlichen Nachbarn in unserer Nähe. Der Mars ist in großer Not, wenn es um Wasser geht. Und wir wissen, dass es auf dem Mars Leben und Intelligenz gibt! Die bloße Tatsache verrät es. Die Ozeane sind ausgetrocknet; Die einzige Möglichkeit, ihr Leben zu erhalten, besteht darin, ihr Wasser von den polaren Schneekappen zu holen. Ihre Kanäle zeugen von einem fortgeschrittenen Zustand kooperativer Intelligenz; Es gibt Leben auf dem Mars und in einem fortgeschrittenen Stadium der Evolution.

„Aber wie weit fortgeschritten? Es handelt sich um einen kleinen Planeten, der der Entwicklung der Erde also Äonen von Zeitaltern voraus ist. Es lag in der Natur der Dinge, dass der Mars schnell abkühlte und Leben dort möglich war, während die Erde noch eine gasförmige Masse war. Sie ist in ihre Reife und in ihren Rückschritt eingetreten; sie nähert sich ihrem Ende. Sie hatte weniger Zeit, Intelligenz zu produzieren, als die Intelligenz am Ende auf der Erde haben wird.

„Wie weit ist diese Intelligenz fortgeschritten? Das ist hier die Frage. Die Natur ist ein langsamer Arbeiter. Es dauerte Äonen von Zeitaltern, bis Leben auf der Erde entstand. Es dauerte noch Äonen, bis dieses Leben bewusst wurde. Wie weit wird es gehen? Wie weit ist es auf dem Mars gekommen?“

Das waren die Kommentare . Der Professor senkte seinen Blick auf den Rest der Arbeit. Es war eine Karte der Marsoberfläche, und in der Mitte war mit der stumpfen Spitze eines weichen Bleistifts ein schwarzes Kreuz eingeritzt.

Er kannte das Gesicht des Mars. Es war der Ascræus Lucus . Die Oase an der Kreuzung einer Reihe von Kanälen, die wie die Speichen eines Rades verlaufen. Die großen Uran- und Alander- Kanäle münden ungefähr im rechten Winkel.

In zwei Sprüngen war der Professor im Observatorium und hatte die große Linse scharf gestellt. Es war der große Moment seines Lebens und vielleicht der seltsamste und aufregendste Moment, den jemals ein Astronom erlebt hat. Seine Finger zuckten vor Anspannung. Vor seinem Blick war das ganze Gesicht unseres Marsnachbarn zu sehen!

Aber war es das? Er stieß einen erschrockenen Ausruf aus. War es der Mars, den er anstarrte? das ganze Gesicht, die ganze Sache hatte sich vor ihm verändert.

Der Mars war schon immer rot. Durch das Teleskop betrachtet hatte es den schönsten Farbton, den man sich vorstellen kann: rotes Ocker, den seltsamen Farbton der Wüste im Sonnenuntergang. Die Farbe der Verzauberung und der Hölle!

Denn es ist so. Wir wissen, dass der Planet seit Jahrhunderten verbrennt; dass Leben nur auf dem trockenen Meeresboden und unter Bewässerung möglich sei. Der Rest, wo einst die Kontinente waren, war glühende Wüste. Die Rötung, die Schönheit, der Zauber, den wir so bewunderten, war die Hölle.

Das alles hatte sich verändert.

Stattdessen gab es einen wunderschönen schillernden Grünton. Das Rot war für immer verschwunden. Der große Planet am Himmel war zu unendlicher Herrlichkeit herangewachsen. Wie der große Dog Star verpflanzt.

Der Professor suchte den Ascræus auf Lucus . Es war schwer zu finden. Das ganze Gesicht war verklärt; Wo früher Kanäle gewesen waren, erstrahlte jetzt der wunderschöne Glanz von Grün und Grün. Er erkannte, was er sah und was er nie im Traum gesehen hätte; Die Meere des Mars füllten sich.

Mit den gestohlenen Ozeanen war unser grimmiger Nachbar zu seiner Jugend zurückgekehrt. Aber wie war es gemacht worden? Es war Horror für unsere Welt. Die tolle leuchtende Kugel der Opaleszenz! Europa ist zugefroren und New York ist eine Eismasse. Es war die Zerstörung der Erde. Wie lange konnte das Ding mithalten; und woher kam es? Was war es?

Er suchte nach dem Ascræus Lucus . Und er sah einen seltsamen Anblick. Genau an der Stelle, an der die Kanäle hätten zusammentreffen sollen, entdeckte er etwas, das zunächst wie eine punktförmige Flamme aussah, ein seltsames funkelndes Licht mit huschendem Schimmer von Opaleszenz. Er sah es sich an und fragte sich. Es schien dem Professor zu wachsen; und er bemerkte, dass das Grün darum eine andere Farbe hatte. Es blinzelte wie eine große Kraft und fast so, als ob es lebendig wäre; verderblich.

Es war das, was Charley Huyck gesehen hatte. Der Professor dachte an Charley. Er war zum Berg geeilt. Was könnte Huyck , ein einfacher Mann, gegen so etwas tun? Es blieb uns nichts anderes übrig, als zu sitzen und zuzusehen, wie es unser Herzblut trinkt. Und dann-

Es war die Botschaft, die seltsame Gewissheit, die Huyck über die Welt verbreitete. An den Worten, die er sprach, mangelte es nicht an Selbstvertrauen. „Himmlische Kinetik", das war also die Antwort! Sicherlich muss es so sein mit der Wahrheit vor ihm. Williams war kein Zweifler mehr. Und Charley Huyck könnte sie retten. Der Mann, den er belustigt hatte. Er wartete gespannt und blieb bei der Linse. Die ganze Welt wartete.

Es war vielleicht der großartigste Moment seit der Schöpfung. Es zu beschreiben wäre, als würde man den Weltuntergang beschreiben. Wir alle haben es durchgemacht und wir alle dachten, das Ende sei gekommen; dass die Erde in Atome und Chaos zerrissen wurde.

Der Bundesstaat Colorado war von einem roten Licht des Schreckens erfüllt; Die Flamme schoss tausend Meilen weit über die Erde und in den Weltraum. Wenn jemals ein Geist in Herrlichkeit ausging, dann war es Charley Huyck ! Er war im Moment und bei Archimedes angekommen. Die ganze Welt erschütterte den Rückstoß. Im Vergleich dazu war das stärkste Erdbeben nur ein zarter Schauer. Das Bewusstsein der Erde hatte gesprochen!

Der Professor wurde zu Boden geworfen. Er wusste nicht, was passiert war. Aus den Fenstern und im Norden die Flammen Colorados, als würde die ganze Welt aufgehen. Es war der letzte Moment. Aber er war bis zuletzt ein Wissenschaftler. Er hatte sich den Knöchel verstaucht und sein Gesicht blutete; aber trotz aller Mühe kämpfte er sich bis zum Teleskop durch. Und er sah:

Der große Planet mit seinem unheimlichen, unheilvollen, bösen Licht in der Mitte und einem weiteren, viel größeren Licht, das die Hälfte des Mars bedeckt. Was war es? Es war bewegend. Die Wahrheit brachte ihn fast zum Schreien.

Es war die Antwort von Charley Huyck und der Welt. Auf dem Weg zum Mars wurde das Licht immer kleiner und fast stecknadelkopfgroß.

Der eigentliche Höhepunkt war die Stille. Und von der ganzen Welt hat es nur Professor Williams gesehen. Die beiden Lichter verschmolzen und breiteten sich aus; Was es auf dem Mars war, wissen wir natürlich nicht.

Aber in wenigen Augenblicken war alles weg. Nur das Grün des Marsmeeres glitzerte im Sonnenlicht. Der leuchtende Opal war vom Sargasso verschwunden. Der Ozean lag in Frieden.

Es waren schreckliche drei Tage. Ohne die Arbeit von Robold und Huyck wäre das Leben zerstört worden. Schade, dass all ihre Entdeckungen mit ihnen verloren gegangen sind. Nicht einmal Charley erkannte, wie gewaltig die Kraft war, die er loslassen würde.

Er hatte alles sorgfältig in Tresoren verschlossen, um eine sichere Übergabe an den Menschen zu gewährleisten. Er hatte mit dem Tod gerechnet, aber nicht mit der Katastrophe. Der gesamte Mount Robold wurde abgestreift; An seiner Stelle haben wir einen See mit einem Durchmesser von fünfzig Meilen.

So viel zur Himmelskinetik.

Und wir blicken auf einen grünen und wunderschönen Mars. Wir hegen keine Feindschaft. Es war nur das Gesetz der Selbsterhaltung. Hoffen wir, dass sie genug Wasser haben; und dass ihre Meere halten werden. Wir

machen ihnen keine Vorwürfe, und wir machen uns auch keine Vorwürfe.
Wir brauchen, was wir haben, und wir hoffen, es zu behalten.

DAS ENDE

- 52 -

www.ingramcontent.com/pod-product-compliance
Lightning Source LLC
LaVergne TN
LVHW041756190726
843493LV00008B/2649